ヤマケイ文庫

ドキュメント 滑落遭難

Haneda Osamu 羽根田 治

Y L

Yamakei Library

ドキュメント　滑落遭難

目次

写真提供
富士山　大森弘一郎、平田謙一、渡邊 怜
北穂高岳　藤本勇、内田修（ZEPPEKI）、渡邊 怜
釈迦ヶ岳　小島誠孝
黒檜山　高崎勤労者山岳会
西穂独標　渡辺幸雄、内田修（ZEPPEKI）
北岳　新井和也
近年の事例　埼玉県警山岳救助隊、平田謙一、渡邊 怜
地図製作　株式会社千秋社
DTP　渡邊 怜

富士山　二〇〇〇年四月

雪上トレーニング山行

日本のシンボルともいえる富士山の冬は長い。九月には早くも初雪が降り、十月下旬ごろには根雪となり、その雪は翌年六月まで残っている。このため富士山は雪山訓練のメッカとして昔からよく知られており、十一月になると本格的な雪山シーズンに備えて早くも多くの登山者が雪上訓練をしにやってくる。年末年始はご来光を拝もうとする登山者が山頂を目指し、またバックカントリーが流行り出してからは、雪が緩んでくる春にスキーヤーやスノーボーダーが大勢訪れるようにもなっている。

そういう意味では人気の高いスノーフィールドといえるが、その自然条件は特異であり、ほかの雪山とは違った厳しさがある。日本海側の山岳地のようにドカ雪が降ることはなく、積雪量は大したことはないが（年によって差はあるものの）、独立峰ゆえ絶えず強い風に吹き叩かれ、積雪がカチンカチンに凍りついて山全体がアイスバーンと化すからだ。

二〇〇七年十一月、そんなことを露ほども知らない二十〜二十五歳の若者四人が「大学卒業前の思い出づくりに」と、ジーンズ、ジャンパー、スニーカーという軽装で、アイゼンやピッケルなどの冬山装備も持たずに富士吉田口から入山した。おそらく彼らには、老若男女が列を成して頂上を目指す夏の富士山のイメージがあったのだろう。

その後の成り行きはご想像どおり。九合目付近の標高約三六〇〇メートル地点まではどうにか達したものの、アイスバーンの斜面で進退窮まり、救助を要請してヘリコプターに救助されたのである。よくぞ滑落せずに九合目まで登っていけたものだと思う。しかも最終的に助けられたのだから、幸運だったとしか言いようがない。

実際、積雪期の富士山では、痛ましい滑落事故がこれまでに何件も起こっている。たとえば二〇〇七年の元旦、山梨県側の富士吉田口登山道の七〜八合目付近で三件の滑落事故が相次いで発生。ひとりが死亡、ふたりが重傷を負った。三人はいずれも単独行で、初日の出を見るために登山中だったと見られている。夏も間近な同年

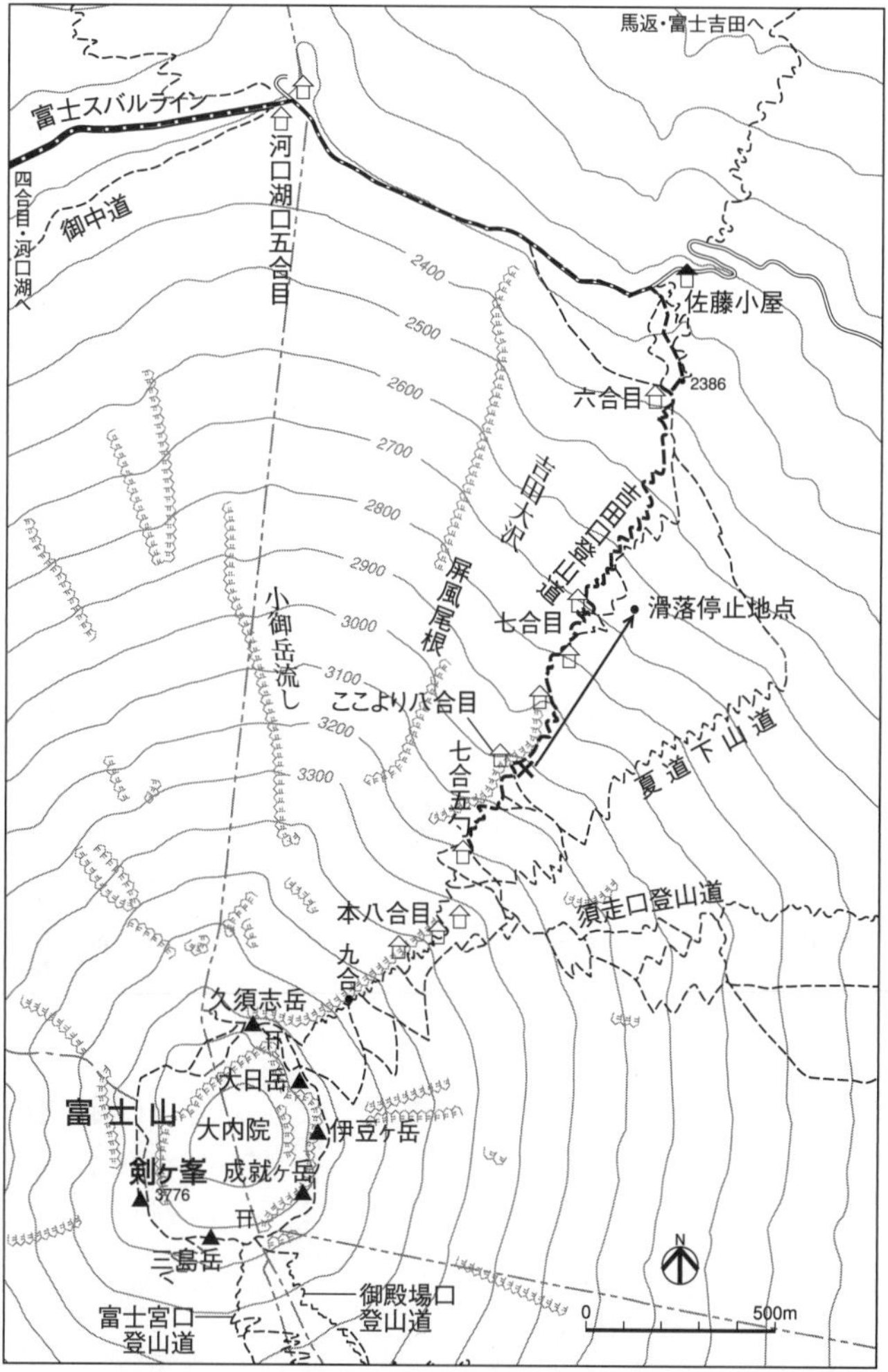
馬返・富士吉田へ
富士スバルライン
河口湖口五合目
四合目・河口湖へ
御中道
佐藤小屋
2386
六合目
2400
2500
2600
2700
2800
2900
3000
3100
3200
3300
吉田大沢
吉田口登山道
屏風尾根
七合目
滑落停止地点
小御岳流し
ここより八合目
七合五勺
夏道下山道
須走口登山道
本八合目
九合
久須志岳
大日岳
富士山
大内院
伊豆ヶ岳
剣ヶ峯
3776
成就ヶ岳
三島岳
御殿場口
登山道
富士宮口
登山道
N
0
500m

六月下旬には、富士宮口登山道九合目付近で四十九歳の男性がアイスバーンで転倒・滑落して命を落とした。また、二〇〇八年の正月にも、静岡県側の宝永火口付近で冬山訓練を行なっていた二十七歳の男性が約三〇〇メートル滑落し、頭を強く打って死亡するという事故が起こっている。

富士山における遭難事故の統計がないので詳細はわからないが、これらはほんの氷山の一角であり、富士山で滑落して死傷した登山者はかなりの数にのぼるのは間違いない。

たしかに富士山は雪山訓練や春スキーのメッカであるが、その反面、滑落事故が多発する山でもあるのだ。

そのことを、樽家彰宏（三十一歳）はこう評している。

「富士山は巨大な滑り台みたいなもの。一度滑り出したら止まらない」

春の富士山で約五〇〇メートルも滑落しながら奇跡的に命を落とさずにすんだという体験を振り返っての、率直な感想である。

大学に入ってワンダーフォーゲル部に所属したのを機に、樽家は山登りを始めた。

河口湖天上山から見た富士山。中央が吉田大沢。吉田口登山道は沢の左側を登る

とはいっても大学時代は山登り一辺倒だったわけではなく、どちらかといえば山よりも海外旅行に熱中していた。そのきっかけとなったのが北海道一周旅行。ワンダーフォーゲル部の夏山合宿で大雪山を縦走したあと、北海道周遊切符の残り日数を使い、ステーションビバークを繰り返しながら北海道を気ままに巡り歩いた。以降、春休みや夏休みを利用して、海外へと足を向けるようになる。

樽家にとっての初めての海外は、一九八九年三月に行った台湾。電車とバスとを乗り継ぎながら、島をぐるりと一周した。このときに海外の異文化に接しながら旅する楽しさを覚え、同年夏には韓国へ。翌年二月から三月にかけてはタイ、インド、ネパールを旅し、ネパールではアンナプルナへのトレッキングに参加した。さらに七〜八月にはタイ、マレーシア、シンガポール、インドネシアを回り、翌九一年にはとうとう大学を一年間休学し、中南米一周旅行に出かけてしまう。この旅の途上ではコロンビアでA型肝炎にかかり、一時帰国したものの、治癒後再び彼の地へ舞い戻って旅を続行した。

その後も旅への想いは醒めやらず、一九九二年三月にはネパールとタイを訪れ、エベレスト街道をトレッキング。九三年二〜三月にはギリシア、トルコ、シリア、ヨルダン、イスラエル、エジプトを渡り歩いた。

しかし、気ままに長い旅を楽しんでいられたのもここまで。大学を卒業してサラリーマンになると、希望どおり海外営業部門に配属されて最低でも月一回の海外出張に出かけるようにはなったものの、プライベートでの旅行はほとんどできなくなってしまった。山からもすっかり遠ざかり、仕事に明け暮れる多忙な毎日がずっと続いた。

そんな仕事中心の生活に変化をもたらしたのが、九六年、二十八歳での愛との結婚である。愛は彰宏と同じ歳で、趣味はスキーと山登り。ふたりとも山が好きだったこと、また結婚して間もなく何人かの山仲間と知り合う機会があったことなどから、彰宏と愛は仲間と一緒に山へ行くようになる。

その仲間のなかに、元横浜山岳会の会員であり、「日本山岳会東海支部K2学術登山隊一九九七」のサミッターでもある小林正巳がいた。小林は一緒に山へ行く仲間を集めて「やまくら」を立ち上げ、彰宏と愛もこれに加わった。

やまくらは、あくまで山好きなメンバーが自発的に集まった同人組織であり、一般の社会人山岳会のように会則や年会費があるわけではない。中心メンバーは約十人で、冬山登山、アルパインクライミング、スキー、沢登りなど、それぞれが好みのジャンルの登山を自由に行なっている。彰宏と愛は主にフリークライミングと冬山登山に傾倒し、アルパインクライミングやアイスクライミング、スキーにも手を出した。それまで雪山やクライミングの経験はなかったが、小林らと山行をともにすることで徐々にスキルを学んでいった。

彰宏は言う。「あのころはほぼ毎週のように山へ行ってました。週末に山へ行くことが生活のリズムになっていましたね」と。

また、九八年七月には新婚旅行でアイスランドとグリーンランドを訪れ、忘れかけていた旅の魅力を久々に満喫した。ことにグリーンランドは、植村直己の著書『青春を山に賭けて』を「旅と山のバイブル」とする彰宏にとって長らく「行きたい」と思っていた地であり、その夢を新婚旅行によってようやくかなえることができた。

と同時に、この旅は新たな夢をふたりに植えつけることになった。「夫婦で長期の旅に出る」という夢である。もっとも、それは現実味のある具体的な夢ではなく、将来、いつかそういう旅ができればいいねという、憧れに近いような夢であった。

こうして週末ごとに山に通う生活が約三年ほど続いた二〇〇〇年四月、やまくらのメンバーによって雪山トレーニングと高度順応を目的とした富士山への日帰り山行が計画された。メンバーの顔ぶれは、樽家夫妻のほか、西村俊之、小泉太史、大場裕美子の計五人。みなほぼ同年代の山仲間である。

この年の夏、小泉と大場はインドヒマラヤのストックカンリ峰への、西村はカラコルムのスパンティーク峰への遠征に参加することが決まっており、今回の富士登山には彼らの高所順応を兼ねたトレーニングの一環としての意味合いもあった。ただし、山頂を踏むことにはこだわらず、登れるところまで登り、時間切れとなったら引き返すことにしていた。

四月二十二日の土曜日、彰宏と愛は千葉県内の自宅を早朝三時半にマイカーで出発、首都高から中央自動車道を経て河口湖インターで高速を下り、インター近くのコンビニの駐車場で西村・小泉組と合流した。大場はひとり遅れ、先発隊を追ってあとで合流することになっていた。四人は、コンビニで行動食を買ったのち、樽家の車をコインパーキングに置いて全員が西村の車に乗り換え、富士吉田口五合目へ向かった。

当初の予定では富士スバルラインの新五合目まで車で入るつもりでいたが、前日の雨で路面が凍結していて、四合目から先は通行止めとなっていた。仕方なく四合目の駐車場に車を置き、ところどころ凍っていて滑りやすい車道を五合目へと向かった。

積雪は五合目あたりから目立ちはじめ、デブリが認められる沢も一カ所あった。雪が、雪質は締まっており、新たに雪崩が発生しそうな様子は見られなかった。雪の上には新しい足跡がついていて、先行者がひとりいることをうかがわせた。風はほとんどなかったが、上部は風が強いようで、頂上付近に雪煙が上がっているのが見えた。

五合目からさらに車道をたどり、一時間ほどで佐藤小屋の少し上に出た。時刻は九時。快晴、無風で暑く、ここまで来るのに全員汗だくになってしまった。なかでも小泉と西村はもともと暑さに弱いうえ、小泉は二日酔い気味、西村は多忙による寝不足気味で、見るからに体調不良で辛そうだった。

やや遅れ気味の西村を待って六合目にある雲海荘の陰で休憩をとり、四人はいよいよ本格的な登りにとりかかりはじめた。六合目の上部で彰宏が「アイゼンを付け

上空から見た富士山。画面下を横切る道路がスバルライン。中央の吉田大沢の左側を登る吉田口登山道

たほうがいい」と判断し、全員がアイゼンを装着した。

雪の状態は、前日の雨で表面はクラストしていて硬くツルツル、中はグサグサ。沢筋以外のところでは、硬い表層の下がふかふかのパウダーの、いわゆるモナカ状になっていた。

そのため、表層を踏み抜いて足を突っ込みながら登っていくことになったのだが、場所によってはかなり沈み込んでなかなか足が抜けないところもあった。また、アイゼンのつま先が辛うじて引っかかるほど硬い箇所もところどころに現われ、言うなれば一メートルごとに目まぐるしく雪質が変わるような状況であった。

高度を上げても雪質にほとんど変化は見られず、そんな状態がずっと続いた。

四人は黙々と登り続けた。ルートはほぼ夏道どおりだが、雪がついているので九十九折りをショートカットしながら登っていった。彰宏と愛の調子は悪くなく、楽に登っていけるような感覚だったが、小泉と西村は相変わらず辛そうな様子だった。七合目あたりからトップの小泉が遅れはじめたので、彰宏がトップを交代した。

時刻はいつの間にか十二時になっていた。すでに標高三〇〇〇メートルを超え、八合目の最初の山小屋のところまで来ていた。このあたりまで登ってくると、さす

富士山吉田口八合五勺付近の氷化した斜面の状況

がに風は強くなり、ときおり突風も吹きつけてきた。あまりペースは上がらず、とても頂上までは行けそうになかった。また、下山が遅くなるとスバルラインのゲートが閉まり、帰れなくなってしまう心配もあった。この時点で、四人は十二時半をめどに下山することを確認し合う。

八合目から上もいちばん元気のいい彰宏がトップを行き、標高三二〇〇メートルまで登ったところでタイムリミットとなった。風はかなり強く、雪煙が顔に当たって痛かった。そのなかを八合目の小屋まで下り、風を避けて小休止をとった。

午後一時、西村を先頭に、小泉、愛、彰宏の順で再び下山を開始した。山小屋の直下には、鎖の手すりが設けられた急斜面をトラバース気味に下っていく箇所があった。このトラバースが終わり、ほぼ平坦な雪面となったところで彰宏がふと下を見ると、小泉が雪に足をとられながらも走るようにして下りていくのが見えた。少し間隔が開いていたので、急いであとを追おうとしたときに、事故は起きた。

滑落

そこは、危険な要素などなにひとつない雪面のように思えた。彰宏が言う。

「小屋直下のトラバースはコース中いちばんいやらしいところで、そのトラバースが終わってふつうの雪面になったところでホッと安心してしまったんだと思います。そこは傾斜もあまりなく、走って下りられるぐらいの斜面でした。で、小泉が走っているから、僕も走ろうとしたんですが、雪の状態が不安定で、一歩踏み出すたびに膝下まで潜ってしまうんです。それで何歩か歩いたときに突然、モナカ雪に足をとられてバランスを失ってしまいました」

彰宏のすぐ前を歩いていた愛は、その瞬間「あっ」という叫び声を聞き、はっと振り返ってみると今まさに彰宏が落ちようとしているところだった。彰宏はそのまま斜面を滑っていって、あっという間に姿が見えなくなってしまった。それはほんの一瞬のことで、愛にはなにが起こったのかとっさには理解できなかった。

トップを下っていた西村は、うしろのほうでなにか叫び声が聞こえたような気がしたが、別段気に留めることもなく振り返りもしなかった。だが、なんとなく視線を右のほうに向けたとき、ものすごいスピードで横を滑落していく彰宏の姿が目に飛び込んできた。

バランスを崩して雪上を滑りはじめたとき、彰宏はすぐに仰向けの体勢からうつぶせになり、ピッケルを雪面に突き立てて滑落停止の体勢に入った。雪上訓練はこれまでに何度か経験していた。この冬山シーズンが始まる前の九九年十一月にも、富士山でトレーニングを行なっていた。初速は大したことなかったので、確実に止められると思った。

ところが止まらない。すぐに体は仰向けになってしまい、そのまま滑り落ちていった。

「今から思えば、雪面に対して体が平行になっておらず、ピッケルの刺さりが悪かったんでしょうね。初動で止められなかったら、もう止まりません」

スピードはどんどん加速していき、もはや体勢をコントロールすることは不可能になっていた。自分でも信じられないようなスピードで体が転がり落ちていた。方向感覚はよくわからなかったが、いつの間にか頭が下になっているような気がした。ヘルメットは持ってはいたが被っていなかった。頭を打たなかったのは不幸中の幸いだった。

滑落している間、意識はずっとはっきりしていて、「これで確実に死んだな」と自覚していた。「どうせ死ぬなら早く楽に死にたいな」と思いながら、体の力を抜いて落ちるに身を任せた。

滑落しはじめた彰宏の姿は、愛と小泉の視界からはすぐに消えたが、トップを歩いていた西村にはしばらく見えていた。自分の横を猛スピードで滑り落ちていった彰宏の様子を、西村は事故報告書に次のように綴っている。

〈樽家は仰向けの状態であったが、ほどなく滑落停止の姿勢になり一秒ほどですぐにまた仰向けの体勢になってしまった。

このとき樽家は頭を上にして滑っていたが、頭を持ち上げて下方の様子をうかがっており、かなり冷静さを保っていたように見えたので、西村は樽家が必ず再び滑落停止の姿勢をとるものと確信した。実際二、三秒後に再び滑落停止の姿勢に入ったのだが、また一秒ほどであお向けになってしまった。

樽家の体は非常にゆっくりと右に回転しながら仰向けのまま落ちていったが、滑落方向の延長線上にダケカンバ（と思われた）があり、ぶつかる前になんとか滑落停止をリトライしてほしいと願ったが、そのまま木に激突した。今思えばこの激突のときに右大腿部を骨折したのではないかと予測される。その後、樽家の体はやや早い左回転へ逆回転しながら、しかし滑落速度を大幅に下げてなおも落ちていった。

そのころになると滑落当初より傾斜もだいぶ緩くなりスピードも落ちたので、滑落停止を試みれば止まることができるかもしれないと考えたが、樽家の体は仰向けのまま斜面の影に消えていった。すると消えた瞬間に登山靴らしきものがけっこうな高さに舞い上がるのが見えた〉

彰宏自身は、ダケカンバらしき木に激突したことを覚えていない。

「ただ、途中で左足の靴が飛んでいったこと、いつのまにか右足に激痛が走っていて右足がブラブラしていることはわかりました」

滑落が止まったのは、ほんとうに唐突だった。いきなりスピードが落ちてきたなと思った次の瞬間には、もう体が止まっていた。なぜ止まったのかはわからない。たぶん傾斜が落ちて自然に止まったのだろう。その場でボーッとしていたら、体が不安定な斜めの状態で止まっていたので、再び滑り出してしまった。しかし、今度は二、三メートル落ちただけですんだ。それ以上落ちないように、手を雪面に突っ込んで体を確保した。

滑落距離は約五〇〇メートル、時間にしたら数十秒ぐらいに感じられた。滑落しているときは死を覚悟していただけに、止まったときは「助かっただけでも儲けもんだ」と思った。

救助を待つ

我に返ってまず行なったのは、負傷箇所のチェック。激しく痛む右足は間違いなく折れていそうだった。痛みは大腿部にあったので、大腿骨骨折かなと見当をつけた。ただ、とりあえず足首と足の指は動くので、神経は大丈夫そうだと思った。問題は開放骨折しているかどうかだった。しかし、ウエアの上から触ってみた感触では出血していないようだったことから、開放骨折はしていないものと判断した。ほかにどこか負傷しているところはないかと手や足を動かしてみたが、滑落中にピッケルかなにかで切ったのだろう、右のまぶたから多少出血していただけで、ほかに大きな外傷は認められなかった。それでようやく命が助かるであろうことを確信した。

滑落中、ジタバタせず体の力を抜いて落ちるに任せていたことが、足以外の負傷を避けられた原因かもしれなかった。滑落が停止した場所の数十メートル先には雪がなく、岩が露出していた。もしそこに突っ込んでいたら、もっとひどいケガを負っていただろう。

一方、上に残された三人は、滑落した彰宏のあとを追ってただちに斜面を下りていった。下りはじめてすぐ、ひとり遅れて登ってきた大場と行き合った。この日、大場は馬返しに車を停めて登りはじめ、佐藤小屋を過ぎ、七合目小屋の鳥居のあたりに差しかかったところで三人と合流したのだった。三人は大場に彰宏が滑落したことを告げ、「落ちていくところを見なかったか」と尋ねたが、「見ていない」との返事だった。

大場を加えて四人となった一行は、さらに先を急いだ。ほかにも登ってくる登山者は何組かいて、すれ違うたびに「滑落していく人を見ませんでしたか」と尋ねたが、見ている者は誰もいなかった。目の前で夫が滑落していくのを目撃し、生死がわからないまま現場に向かっているときの心境を、愛はこう話す。

「周りに仲間がいたから、パニックにはなりませんでした。『こういうときこそ落ち着いて』と言われたし、下りていくときも『気をつけて』と何度も声をかけられましたから。『ダメかも』というのは一度も考えませんでしたね。ていうか、考えないようにしてました。『そんなにひどいことが人生に突然起こるはずがない』と自分自身に言い聞かせながら、とにかく二重遭難をしないように足元に気をつけることだけを考えて、それ以外のことは必死に頭の中から締め出していました」

下りていく途中、スパッツがついたままの彰宏のプラスチックブーツが落ちていたので、それを回収した。回収地点から滑落停止地点までの間には、素手で滑落を止めようとした跡が三カ所あった。

滑落現場から下ることおよそ二十分、下のほうの雪の上に彰宏が足を前に投げ出して座っているのを見たとき、愛は「やっぱりね」と思ったという。

「雪の上に横たわっていたらヤバイと思ったかもしれないけど、うしろを振り向きながら座っていたので、大丈夫だなと思いました。ホッとしたとか、嬉しかったとかの感情はあまり湧いてきませんでした。人間って、とっさのときは感情がストップしてしまうんですね」

現場にいちばん最初に到着した西村に、彰宏は「足が折れている」と告げた。仲間が助けにきてくれて安心したためか、猛烈な寒気も襲ってきた。西村はザックの中から鎮痛剤を取り出して二錠服用させ、すぐに雪棚作りにとりかかった。一畳ほどの広さの雪棚ができるころには、小泉、愛、大場も到着した。四人は彰宏を抱え

上空から望む富士山。写真は吉田口六合五勺付近から上部。左は下山道

て雪棚の上に移動させ、アウターの下に厚手のフリース二枚を重ね着させてから、ザックを敷いた上に体を仰向けに横たえさせた。さらに、靴が脱げていたので靴下を替え、ツエルト二枚で体をくるみ、両側に交代でふたりずつ添い寝しながら保温に努めた。

その間、彰宏は痛みと寒さからほぼパニックのような状態に陥っていて、「足、切断だ」と何度も繰り返し言っていた。しかし、重傷のわりにはしゃべり方がしっかりしていたので、愛たちは「そうはならないだろう」と感じていたという。

「影で私たちは『ふふっ、大丈夫だよ』と笑っていました」

だが、当の本人にしてみれば深刻な問題である。彰宏がこう言う。

「骨折の程度がどんなものかわからなかったので、『このケガは完治するのかな』『また山に登れるようになるのだろうか』『最悪、切断しなければならなくなってしまうのか』というようなことばかり考えていました」

西村は負傷箇所をチェックしてみようかとも考えたが、開放骨折によって出血している様子がなかったこと、また彰宏があまりにも苦痛を訴えるために多少でも体を動かすことに躊躇を覚えてしまったことから、添え木代わりにストックで患部を固定するのみに留めておいた。

ケガの応急処置と低体温症対策を施してひとまず彰宏の状態を安定させたのち、ほかのメンバーらは今後のことを相談、自分たちで搬送するのは無理だと判断し、午後一時四十分、大場が携帯電話で山梨県警に救助を要請した。最初の通話を切ったあとも管轄の富士吉田署から何度か電話が入り、現場の位置、遭難者のケガの状況、同行者の氏名などが確認された。

現場付近は視界もよく、強かった風も徐々におさまりつつあった。現場の状況だけを見れば、ヘリコプターがすぐにでも来てくれそうに思えたが、ヘリで救助を行なうか地上から救助に向かうか、警察の方針はなかなか決まらない様子だった。この、救助を待っている間がいちばん辛かったと、彰宏は言う。

「すごく寒かったし、足もひどく痛みましたから。しかも、ヘリコプターが来られるのかどうかわからず、最悪、激痛に絶えながら担架で下ろされるという可能性もあったので、精神的に辛かったです。でも、みんなが交代で添い寝して体を温めてくれ、絶えず声をかけて励ましてもくれていたので、安心感はありました」

五人が救助を待っていた場所は登山道からわずかに外れたところで、ほかの登山者が下山していく姿が見えていた。なかには「どうしたんですか」「大丈夫ですか」と声をかけてくれた人もいた。また、温かい飲み物を分けてくれたパーティもあった。ケガ人をサポートするメンバーは四人いれば充分だったし、あとはもう救助を待っているだけの状況だったので、ほかの登山者に手伝ってもらえることはなかった。ただ、見ず知らずの人たちが心配して力になってくれようとする気持ちは、とてもありがたかった。

午後三時二十分になって、ようやく「ヘリコプターが出発した」という電話連絡が入り、ほどなくして山梨県警のヘリコプターが姿を現わした。警察の指示により、雪面には補助ロープで×印の目印をつけておき、銀色のサバイバルシートも準備しておいた。

だが、目の前まで飛んできたヘリは、何回かホバリングしたのち、なぜか引き返していってしまった。それを見ていた彰宏の落胆は大きかった。

「風がまたけっこう強くなってきていましたから、やっぱりダメかと思いました。ヘリがダメだったら地上から担架で搬送すると言われていたので、その際の痛さに耐えられるかどうかということばかり考えていました」

しかし、その心配も杞憂に終わる。しばらくして警察から「ヘリが小さすぎて収容できないので、大きいヘリコプターを再度飛ばす」という電話がかかってきて、その言葉どおり、三十分後の三時五十分に再びヘリの爆音が聞こえてきた。先ほど来たヘリよりも大型タイプだった。以下は、彰宏の手記からの引用である。

〈あとはヘリが来れますようにと祈るしかない。

爆音が近くなったと思ったら遠くに消えていったということを何度か繰り返す。

ふと気がつくとヘリが真上にいるような感じ。

レスキューの人の声も聞こえる。

やった、助かったと思った〉

ヘリが現場上空でホバリングの態勢に入ると、救助隊員がひとりワイヤーに吊り下がって下りてきた。隊員は彰宏をくるんでいたツエルトをはがすと、右足の激痛に呻き声を上げる彰宏にかまうことなく素早く担架に移動させ、担架ごと吊り上げて機内に収容した。その間わずか十分ほど。機内で名前や住所、生年月日、ケガの状況などを聞かれているうちに、いつの間にかヘリコプターは市立甲府病院に着いていた。

「機内から外に運び出されたとき、春の陽射しのあまりの暖かさに『生きてるぞ！助かった！』と実感しました」

一方、彰宏が運ばれていくのを見送ったメンバーは、陽が傾きはじめるなか、荷物を撤収して下山を開始した。五合目の上あたりまで下りてきたところで、下から上がってきた地上部隊の救助隊と合流し、五合目の駐車場まで一緒に下山。簡単な事情聴取を受けたのち、彰宏が運ばれた病院へと向かった。

合流した救助隊員と一緒に下山する際、愛は幾度となく「ほんとに運がよかったですね」と声をかけられた。五〇〇メートル滑落してなお生きていたのだから、それも当然である。ちなみに救助を待つ間、同人のリーダー格である小林に携帯で事故の報告をしたとき、小林の第一声は「死んだのか」というひとことであったという。

危険感知力

この事故について、彰宏はパーティのメンバーに話を聞きながら事故報告書をまとめ、インターネットで公開した。そのなかの「今回の事故における反省点と今後の対策」という項目で、まず挙げられているのが「危険に対する認識不足」という点である。

〈今回の滑落事故の発生地点が当山行中際立って危険箇所だったことを考えてみても、通過の際には当然細心の注意をもってして然るべきであった。実際西村はそのルート選択に一瞬躊躇を感じたが、そこよりも遥かに難しいルートを過去に歩いてきたことを思い起こして、危険に対する認識を打ち消してしまったように思われる。せめて危険を感じたときに他の者に対して注意を喚起するぐらいの行動は必要だったのではあるまいか。今一度基本行動に対するレヴューを行うべきと考える〉

だが、実際に事故が起こったのは、その危険なトラバース箇所を通過したあとの、なんの変哲もない雪の斜面においてである。彰宏自身、「いちばんの原因は油断だと思う」と言っている。

「急斜面のトラバースが終わり、あとは単調な下りだけだと思ってホッとしたことはたしかです。僕の前にいた小泉君は、その斜面を何度かコケながら走るようにして下りていました。それを見て、大した斜面じゃないな、ちょっとコケても大丈夫だなと油断してしまいました。ほかの人の歩き方を見て参考にすることはよくありますが、経験や技術や体格が違うのだから、自分で実際に歩いてみて判断するべきですよね」

このことについて、事故報告書ではこうも指摘している。

〈入山中つねにテンションを持続するのは疲れるし不可能であるので、自身の精神コントロールが重要。やばい場所が終わったらホッとするのは当然だが、そのホッとした気持ちのまま歩きはじめるのではなく、しばらく立ち止まっても良いので、新たな気持ちで歩くぞという気構えを持てるよう精神コントロールすべき〉

また、斜面に対してだけではなく、自分の技術や経験の面でも油断があったのではないかと彰宏は話す。冬山を始めて二シーズン目、それまでそこそこの山へ行き、そこそこの経験も積んできていた。おまけに四月末のトレーニング的な山行での富士山、という認識もあった。つまり「自分の技術や経験からして、富士山でのトレーニング山行なら問題なし」という油断と錯覚が慎重さを欠く原因になったというわけだ。それは油断というより〝過信〟といったほうがいいかもしれない。

「どんな山にも危険はあるんだという認識を常に持っていなければならないのに、変に慣れてしまって危険感知力が落ちていたんでしょうね」

だから急斜面のトラバースが終わって小泉のあとを追おうとしたときに、ついピッケルワークを怠ってしまった。もしこのときピッケルをしっかりと根元まで刺していたら、たとえモナカ雪に足をとられたとしても、事故は起きなかっただろう。

滑落したときも、止められると思ったのに止められなかった。その要因としては、体が完全な滑落停止体勢になれずにピックの刺さりが悪かったこと、雪の状態が不安定だったのでピックの効きが悪かったことなどが考えられ、事故報告書の〈滑落する直前の歩行状況により正しい滑落停止姿勢に入れない場合もある。もっと実践的な滑落停止の練習が必要〉という指摘もうなずける。だが、それよりも「冬山での滑落は死に直結するという認識を持って、滑落しない歩行技術を磨く」ことのほうが重要のように思える。

なお、この事故報告書の「反省点と今後の対策」には、転滑落事故に限らず遭難事故全般に通じる予防・対処法が述べられているので、関係者の了解を得て以下に転載しておくことにする。

〈登山届の未提出

最も基本的であり、ある意味においては最も重要である登山届が未提出だったことは大いに反省しなければならない。繰り返し登ってきたルートであること、トレーニング山行ということでわれわれに油断があったことは否定できない。ひとたびなにかあれば関係各所に多大なる迷惑を及ぼすことを考えれば、登山届の提出は各々が肝に銘じなければならない条件である。

救急療法の知識不足

今回のレスキューは教本で読んだ知識のみに基づいて行なわれたものであったので（組織的な負傷者レスキューの訓練等は行なっていなかった）、その経過は正しいもので占められていたかどうかは疑問の残るところである。ことに患部の目による確認を行ない、怪我の状況を正しく把握してから処置を行なうべきだったはずで、今回開放性の骨折でなかったことは幸いであったと言わざるを得ない。対応として、救急療法の講習を受講して各自のスキルアップを図りたいと考えるが、会としても継続的な再確認のアクションが必要と思われる。

携帯医療品の不足

今回救急医療用品を携行した者がほとんどいなかったため手持ちの用品が足りず、添え木の固定には包帯のほかシュリンゲを利用した。救急医療品に関しては各自が最低限の用具を携行するのはもちろんのこと、今回のようなトレーニング山行であっても正式に係を決めて欠品の無きよう心掛けることが必要である。

無線機の非携帯

救助の要請という点においては、今回富士山というロケーションから携帯電話での通報でもまったく問題はなかったが、われわれの通常行なっている山行を考えれば常に無線機を携行しているべきであり、今後はアマチュア無線免許の取得者の比率を上げることが重要な課題となろう。

その他の非携帯用具

今回日帰りの計画で日中かなり気温も高いということで、スコップ、魔法瓶、バーナーを携行していなかった。都合雪棚はピッケルで作成し、温かい飲み物は幸い別のパーティから分けてもらうことができたが、山行の際は常にあらゆる状況を想定したうえでの装備で臨むことを徹底する必要があろう〉

彰宏のケガは、想像していたとおり右足の大腿骨骨折であった。それも二カ所折れていて、粉砕骨折の一歩手前だったそうだ。治療のための手術は計二回行なわれた。まずは事故から十日ほどが経った五月一日に、ボルトを大腿骨に打ち込む手術を受けた。手術後、寝たきりで二週間を過ごしたあと、辛く苦しいリハビリが始まった。手術前の一週間を含めると丸々三週間寝たきり状態だったので、右足の筋肉がすっかり落ちていて、右膝も固まって曲がらなくなってしまっていた。リハビリではその右膝を無理矢理力いっぱい曲げられて、思わず「ギャー」と大声で悲鳴を上げた。

とりあえず六月十七日に市立甲府病院を退院し、間もなくして職場にも復帰したものの、自宅近くの病院に週二回通院しながらのリハビリはその後も続いた。師走も近い十一月末ごろになって、ようやく正座ができるようになった。若干足を引きずりながらも普通に歩けるまでになったのは、翌年二月のことだった。

それから約半年が経過した同年七月、体に埋め込まれたボルトを抜く二回目の手術が行なわれた。術後の経過は順調だったが、医者からは「山登りは半年間ぐらい、骨が完全にくっつくまでは控えるように」と釘を刺されていた。

もっとも、二回目の手術が行なわれるまでに、医者には内緒で何度かハイキングには行っていた。手術一カ月前の六月には「トラウマを克服するために」と富士山へ赴き、滑落地点付近まで登ってきた。

そしてその年の十月、彰宏と愛は新婚旅行のときに芽生えた夢を実現させるべく、三年間に及ぶ世界一周の旅に出る。ふたりで温め続けてきた夢ではあるが、安定した会社勤めを辞め、夫婦で三年もの長い旅に出るというのは、なかなか実行に移せるものではない。だが、富士山での滑落事故が、結果的にその夢を後押しすることになった。

「滑落して死を覚悟したときに思ったのが、これで嫁さんと世界を旅行する夢はついえたな、ということでした。でも、僕は奇跡的に助かり、こうして生きています。だから、生きていること、生かされたことを素直に感謝し、生きているうちにしかできないことを、精一杯、後悔なくやろうと思ったんです」

旅に出ていた三年の間、彰宏と愛は世界各国を回りながら、行く先々で山登りを楽しんだ。幸い事故の後遺症も残らず、「もう山登りはできなくなるんじゃないか」という心配もとりこし苦労ですんだ。

二〇〇四年の夏、ふたりは無事、三年間の旅を終えて帰国した。その後は子どもが生まれ、また彰宏が再就職したこともあって、山にはあまり行けなくなった。

だが、山登りをやめるつもりはまったくない。

「激しいことをするだけが山登りではない。山にはいろんな楽しみ方がある」と彰宏は言う。

今、ふたりで楽しんでいるのはフリークライミング。まだクライミングジムに通う程度だが、子どもがもう少し大きくなったら、以前のように再びゲレンデにも出ていきたい。できれば冬山も再開したいと思っている。

北アルプス・北穂高岳　二〇〇一年九月

憧れの場所

藤本勇（六十六歳）にとって、北穂高岳の東面に位置する「北穂池《きたほのいけ》」は、かねがね「ぜひ一度訪れてみたい」と思っていた場所だった。

槍・穂高連峰の標高二〇〇〇メートル以上には、「天狗池」（槍ヶ岳・天狗原）、「奥又白池」（前穂高岳・奥又白谷）、「ひょうたん池」（明神岳東稜）、北穂池など、いくつかの池がある。このうち一般登山ルート上にあるのは天狗池と「きぬがさの池」（西穂高岳）ぐらいで、奥又白池やひょうたん池へ行くにはバリエーションルートをたどっていくことになる。

北穂池も、北穂高小屋や北穂高岳〜槍ヶ岳間の縦走路から遠望することはできるものの、そこへ行くにはやはり一般縦走路を外れて険しい岩場を下っていかなければならない。よって、これらの池には誰もが容易に行けるというわけではなく、訪れる登山者もそう多くはない。夏のシーズン最盛期、槍・穂高連峰の一般ルートは多くの登山者で賑わうが、その喧噪をよそに、北穂池の周辺は静寂を保ち続けているのである。

若いころからオールラウンドな登山を行なってきた藤本にとって、奥又白池やひょうたん池は穂高連峰での岩登り合宿のときに何度も訪れた地であった。ただひとつ、訪れる機会がなかったのが北穂池だった。

その北穂池を意識するようになったのは、長男・藤本拓の影響が大きい。拓は信州大学に在学中、四シーズンにわたって北穂高小屋でアルバイトをしていた。北穂高小屋は奥穂高岳と槍ヶ岳を結ぶ縦走路の途中、北穂高岳北峰に建つ小屋で、小屋に通じる一般ルート上には、大キレットをはじめとする、北アルプスでも屈指の難所があちこちに点在する。また、アルパインクライマーにとっては、クライミングの殿堂・滝谷への基地となる小屋としてもよく知られている。

こうしたことから小屋の周辺では転滑落遭難が多発し、そのたびに北穂高小屋の従業員は本来の山小屋の仕事を投げ出し、現場へ駆けつけていって救助活動を行なっている。それは拓が小屋でアルバイトをしていたときも例外ではなく、拓自身が

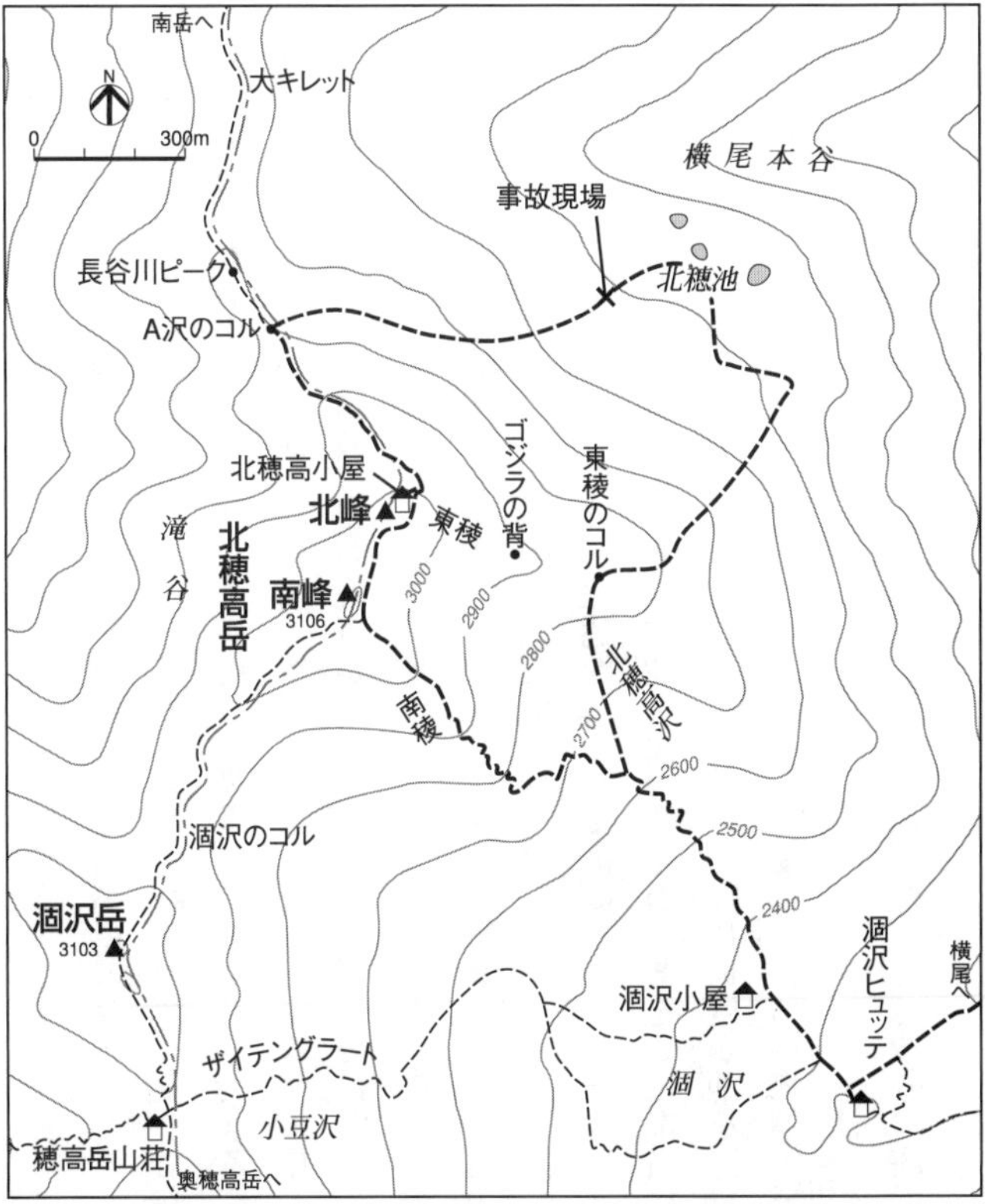

南岳へ
大キレット
N
0
300m
横尾本谷
事故現場
長谷川ピーク
北穂池
A沢のコル
ゴジラの背
東稜のコル
北穂高小屋
北峰
東稜
滝谷
北穂高岳
南峰
3106
3000
2900
2800
北穂高沢
南稜
2700
2600
2500
涸沢のコル
2400
涸沢岳
3103
涸沢ヒュッテ
横尾へ
涸沢小屋
ザイテングラート
涸沢
小豆沢
穂高岳山荘
奥穂高岳へ

救助活動に携わったことも何度もあった。「山小屋は遭難救助活動の最前線」とはよく言われることだが、北穂高小屋もまたその典型的な山小屋のひとつなのである。

ふだんは山小屋の仕事に追われ、ひとたび事故が発生すれば現場へ救助に向かう。慌ただしく気の抜けない山小屋の生活のなかでは、従業員がのんびりできる時間はなかなかとれるものではない。が、登山者も少なく事故も起こらず天気も申し分ないシーズンオフのある一日、朝の小屋の仕事が一段落したあと、午後になってやってくる登山者を迎えるまでしばらく時間がぽっかりと空くことがときたまある。久々にホッとひと息つける貴重なひととき、従業員たちは周囲の山を歩いたり岩に取り付いたりして、束の間の自由な時間を満喫する。

そんなときに拓がよく訪れていたのが北穂池だった。拓にとって北穂池はとっておきの場所であり、藤本も「おやじ、北穂の池を知ってるか。あそこは本当にいいところやで」と何度も聞かされていた。北穂高岳に登った際に何度か池を遠望していた藤本が、息子から話を聞いていっそう憧れを募らせていったのは自然の成りゆきだった。

その計画をようやく実行に移したのが、二〇〇一年九月のことである。決行をこ

涸沢から見た北穂高岳。北峰から右に延びる岩稜が東稜

の時期にしたのは、長年憧れていた北穂池を訪れると同時に、山岳写真でよく目にしていた涸沢のすばらしい紅葉を愛でるという目的もあったからだ。

九月二十五日、藤本は大学山岳部時代の後輩ふたりとともに車で関西を出発し、この日は駒ヶ根高原にある大学山岳会のヒュッテで一泊。翌早朝、ヒュッテを発って沢渡《さわんど》まで入り、バスに乗り換えて上高地へ。梓川沿いの登山道をたどり、横尾谷を経て午後二時二十分には涸沢に着き、テントを張った。

翌二十七日の天候は晴れのち曇り。この日は奥穂高岳を日帰りで往復する予定だったが、天気が下り坂になるという予報が出ていたため計画を早め、テントを涸沢に置いたまま北穂高小屋へ向かうことにした。涸沢の燃え立つようなナナカマドの紅葉を楽しみながら北穂の南稜に取り付き、十時四十五分に北穂高小屋に到着。まだ時間が早かったので、小屋のなかでクラシック音楽を鑑賞したり、京都から来たという八十七歳の登山者らと山談義に花を咲かせたりして過ごした。

翌日は念願だった北穂池探訪である。明日の行動に備え、夕食後には小屋のスタッフに池までのルートを教えてもらった。

事故発生

二十八日、夜来の雨が明け方から雪に変わっていた。小屋のテラスには二、三センチほどの雪が積もった。前年より二十四日早い初の積雪だった。

積雪を見たときには「北穂池はおあずけか」と危ぶまれたが、天気予報は「午後から晴れる」と告げていたので、三人は出発を遅らせ、しばらく様子を見ることにした。八時ごろになると雪はやみ、槍ヶ岳や横尾本谷が望めるようになった。北穂東稜の北側には、目指す北穂池も見えていた。今日の行程は、あの池を経て涸沢までで。八時二十分、三人はただちに行動を開始した。

北穂高小屋からはいきなり大キレットへの下りとなり、注意して行動しないと転滑落してしまう難所が続く。そのひとつ、「飛騨泣き」のあたりには新雪が薄く積もり、道標のペンキも雪で隠れていた。ただでさえ危ない岩場なのに、うっすらと雪が積もっているからなおさら始末が悪い。スリップすれば一巻の終わりである。その滑りやすい岩場を、三人は慎重に下降していった。振り返ってみると、〝鳥も止まらぬ〟と形容される滝谷の岩場が薄気味悪くそびえ立っていた。

A沢のコルには九時四十分に到着した。ここから一般ルートを外れ、横尾本谷の源頭部に背を向けるようにしてガレ場を右下方にトラバースしていった。途中に一〇メートルほどの灌木帯があり、ブッシュ漕ぎを強いられたが、小さな尾根を乗り切ったところで北穂池が見えた。この先、池までは踏み跡もケルンもなく、浮き石だらけのガレ場を行くことになる。そのガレ場を下っているときに、事故は起きた。

事故発生時の状況を、藤本が次のように振り返る。

「小屋を出るときに、寒かったので冬用のダブルヤッケを着込んだんですが、歩いているうちに暑くなってきたので、それを脱ごうとしたんです。そのときに立ち止まって脱げばよかったんですけど、歩きながら脱ごうとしたのが失敗でした。先を歩いている後輩と私との距離がどんどん離れていたので、早く追いつかなきゃという焦りがあったんで……。そうしたらちょうど浮き石の上でバランスを崩して滑落してしまったんです」

事故現場は、とくに危険なわけでもない、ごくふつうのガレ場だった。が、先行者の足が速く、二番目を歩いていた藤本との間隔が開いてきたことから、藤本は「ちょっと意地になってあとを追っていた」という。もし立ち止まってヤッケを脱いでいたら、もっと差が開いてしまうため、おそらく無意識に歩きながら脱ごうと

南岳獅子鼻から北穂。右端の残雪の上がＡ沢のコル、左下のガレ場の小尾根の間が北穂池

したのだろう。

その瞬間は、「しまった。やってしまった」と思ったという。滑落距離は五メートルほどで、一回転して落ちていった。転げ落ちるときに右膝の下を岩に強打し、激痛が走った。ハッと我に返ってみると、右膝からかなりの出血があり、靴を赤く濡らしていた。右の肋骨にも痛みがあり、メガネの左のレンズがひび割れていた。頭を打たずにすんだのは不幸中の幸いだった。

事故の直後、うしろを歩いていた後輩がすぐに駆け寄ってきてくれたので、とりあえず転落時に手放してしまったストックなどを回収してきてもらった。本来ならその場で応急手当を施したかったのだが、誰もファーストエイドキットを持ってきていなかった。ただ、歩けないことはなかったので、そのまま北穂池へ向かうことにした。

大小三つの池からなる北穂池には十一時に着いた。そこは思っていたとおりのすばらしいロケーションだった。テントが張れそうな場所が一カ所あり、真ん中の池からはピラミダルな常念岳が一望できた。天気がよければ、池の畔にテントを張って、本でも読みながら二、三日のんびりと過ごしたいところだった。息子があれだ

9月28日の朝、A沢のコルで、ここから北穂池に向かった

け自慢する理由がよく理解できた。

しかし、事故で負傷したことにより、ここに来られた喜びは半減されてしまった。ほんとうはここでゆっくり昼食をとるつもりでいたのだが、涸沢まで無事下れるだろうかという不安と膝の痛みから、もうそれだけの余裕はなく、とにかく先を急ぐことにした。

北穂池からは、北穂高小屋のスタッフに教えてもらった細い沢に入り、草付の荒れたルンゼを登っていった。ケガの痛みも忘れるほどの緊張を強いられる嫌なルンゼだったが、どうにか自力で北穂東稜のコルまで登ることができた。コルからは斜度が六十度もありそうな岩場を下りていかなければならない。「ここでまた落ちたら恥の上塗りだぞ」と自分自身に言い聞かせながら、クライムダウンで慎重に下っていった。

「後輩に迷惑をかけないように、体を騙し騙しという感じでした。このクライムダウンがいちばんしんどかったですね。でも、ようやく一般コースまで下りたら、緊張が解けたのか体の痛みがひどくなり、ぐったりしてしまいました。で、休み休みしながらなんとか涸沢までたどりついたんです」

北穂高小屋から俯瞰した北穂池（中央）と横尾本谷

涸沢到着は午後三時。事故の発生が十一時前だったから、傷を負った体で四時間以上行動したことになる。傷は右膝の下、幅五センチ、深さ五ミリほどの裂傷だった。後輩が涸沢ヒュッテで消毒剤と包帯をもらってきて傷の手当をしてくれた。ふたりは傷の具合を心配していたが、先輩である手前、「まあ、大丈夫だよ。ひと晩寝れば治るよ」と言って平気を装い、その日は予定どおりテントに泊まった。

だが、寝ている間にも傷の痛みはだんだんとひどくなり、結局、一睡もできないまま朝を迎えた。テントを撤収し、上高地へ下ろうとしたときには、膝の痛みがひどくてほとんど歩くことができない状態だった。

「救助を要請するつもりはまったくなく、上高地まではなんとか自力でと思っていたんですけど、ザックは担げても、一五〇メートルほど離れているヒュッテまで行くのにも這うような有り様だったんです。前日は、気が張っていたから歩けたんでしょうね。これじゃあとても自力で下りられないと思い、恥を忍んで救助を要請することにしました」

涸沢ヒュッテを通してヘリコプターの出動を要請する際に、ヒュッテの支配人から「お客さんは山岳保険に入っていますか」と尋ねられたので、藤本は「日本山岳会の保険に入っています」と答えた。

「それならば民間の東邦航空のヘリコプターが仕事で上高地まで来ているので、それを呼んだらいかがですか。警察のヘリは無料ですが、来てくれるまで多少時間がかかります。東邦ヘリならすぐ来てくれますよ。もちろん費用はかかりますが、山岳保険に入られているのなら、それで充分カバーできるはずです」

支配人にそう言われて藤本はしばし考え込んだが、その日が土曜日でほとんどの病院が午前中で診察を終えてしまうことから、「診察時間内に病院に運び込まれれば専門医に診てもらうことができるだろう」と思い、迅速な民間ヘリをお願いすることにした。

支配人の言葉どおり、ヘリコプターは三十分も経たないうちにやってきた。付添人ひとりは同乗してもいいとのことだったので、後輩ひとりに付き添ってもらい、もうひとりは歩いて下りてもらうことにした。

余談だが、このとき現場にいる後輩から「ヘリで運ばれていった」と電話で報告を受けた藤本の妻は、てっきり藤本が死んだものと早とちりし、顔からサーッと血の気が引いていったという。

ヘリは屏風ノ頭の近くを越え、梓川をひとまたぎして豊科の町へと飛んでいった。海外登山でネパールに行ったときには何度もヘリコプターに乗ったことがあるが、国内で乗るのは初めてだった。途中、機内からは前穂高岳の東面が朝日に輝いているのが見えた。

わずか十分ほどで豊科のヘリポートに到着すると、そこには救急車が待機していて、担架に乗せられて車内に運ばれた。救助隊員から事故の状況などを聞かれるうちに、救急車は豊科赤十字病院（現・安曇野赤十字病院）に到着し、ただちに整形外科の救急扱いに回された。レントゲン撮影の結果、骨には異常なく、右膝下の傷は六針縫った程度ですんだ。

歩いて下山した後輩が沢渡に停めてあった車をピックアップし、病院に駆けつけてきてくれたのが午後三時半で、三人はその日のうちに帰阪した。

その後、膝の傷については十月十日に抜糸をすませたが、肋骨の痛みは湿布とコルセットを用いてもなかなか引かず、十月二十日ごろまで続いた。

ピラミダルな常念岳を望む北穂池

事故への備え

断わっておくが、藤本の山行歴はなかなかのものである。高校・大学時代から山岳部に所属し、社会人になってからも大学山岳部OBが組織する山岳会で活動。一九六一年にヒマラヤの未踏峰ランタン・リルン（七二三四メートル）への遠征に参加するなど、「より高き山、より困難な山」を志向するオールラウンドな登山を国内外の山で実践してきた。

山への意欲は還暦を過ぎても衰えることなく、西北ネパールの未踏峰ナラカンカール（六〇六二メートル）をはじめヨーロッパ・アルプスやニュージーランドの山々に足跡を印し、国内でも北アルプスでの冬季バリエーションルート登攀、残雪期の剱岳登山、比良全山縦走を行なうなど、今なお現役として山登りを楽しんでいる。

登山者のなかには、長年のブランクがあるにも関わらず若いころに山登りをしていたというだけで、あるいは山行日数が年間わずか数日なのに長年続けているからというだけでベテラン顔する人もちらほらいるようだが、藤本はそうした自称〝ベテラン登山者〟とは明らかに一線を画す。その山行歴を見れば、豊富な経験と知識、そして高い技術を持っている筋金入りの山ヤであることは誰もが認めるところだろう。

だが、それでも転滑落事故は起こる。ベテランであろうが初心者であろうが関係ない。ちょっとした不注意や油断が命取りになってしまうのが転滑落事故なのだ。藤本は言った。「事故はなんでもないところで起きる。本当に危険なところでは起こらない」と。

「私の事故の場合、原因は言うまでもなく着ているヤッケを歩きながら脱ごうとしたことに尽きます。立ち止まったら、先頭を行く後輩にますます離されてしまうという気持ちがあったんです。でも、面倒くさがらずに、足場のいいところで立ち止まって脱ぐべきでした。それを考えると、歩きながら景色に目を奪われたり、おしゃべりに夢中になったりするのも危険だなあと思いました。ほんと、お恥ずかしい話なんですが、私にとってはいい教訓でしたね」

発生場所やそのときの状況にもよるが、転滑落事故では致命傷に至ったり重傷を負ったりするケースが非常に多い。藤本のように、とくに危険というわけではない場所でうっかりつまずいて数メートル転げ落ちただけでも、打ちどころが悪ければ命を落としてしまうことだってありえるのだ。それを考えれば、藤本が六針を縫うケガだけですんだのは、運がよかったといってもいいだろう。

遭難事故の原因として、近年は「道迷い」が急増してきているものの、転滑落による事故も相変わらず高い割合を占めている。転滑落が山登りの大きなリスクになっていることは、今もまったく変わっていない。

そのリスクを低下させるために藤本が奨励するのが、ストックの携行だ。藤本がストックを使いはじめたのは、ネパールの山登りに行った四十代後半のとき。以来、山には必ずストックを持っていくようにしている。

「文字どおり、〝転ばぬ先の杖〟としていつもストックを持ち歩いています。とくに中高年登山者の皆さんには『山ではストックを使いなさい』と言いたいですね。ただし、使い慣れていないとかえって危険です。できれば日常生活のなかでもストックを持つようにして、使い方に慣れておくといいでしょう」

もっとも、ストックを持っているからといって安心してはならない。実際、藤本が事故に遭遇したときもストックを持っていた。ストックはあくまで転滑落を予防する一手段として持つもので、「持っていれば転滑落しない」と考えるのは早計である。逆に、全体重をかけたストックを突き損ねたり、ストックが岩場に引っ掛かったりするなど、ストックが転滑落事故の要因になることも充分にありえるからだ。現在は、ストック、サポートタイツ、アミノ酸が〝山登りの新・三種の神器〟とされ、中高年登山者の間でのストックの普及率はかなり高いようだが、くれぐれも過信は禁物である。

最後に、山岳保険のことについても触れておこう。この事故では民間のヘリコプターによる救助活動が行なわれたため、当然、救助費用は有償となった。のちに藤本のもとに届いた請求書の金額は、ヘリコプター代四十二万円、救助出動費二万円の計四十四万円。この費用は、藤本が加入していた山岳保険（日本山岳会の団体傷害保険）によって全額がカバーされた。ちなみにこの保険の年間保険料は一万一五〇円で、死亡・後遺傷害二百万円、遭難捜索費用二百万円が補償されているという。

藤本の救助費用が四十四万円ですんだのは、たまたま民間ヘリコプターが近くにいて、しかも藤本が自力で涸沢まで下りてきていたため。もしヘリコプターが近くにおらず、また現場が山中の急峻な岩場などで、救助活動のために何人もの隊員が出動することになっていたなら、費用はもっとかさんでいたはずだ。

自分が山で遭難すると思って山に登る人はいない。「自分だけは大丈夫」と無意識に思っている人がほとんどだろう。しかし、山に登る人は誰もが遭難事故に遭うリスクを背負うことになり、それがいつどこで襲いかかってきてもなんら不思議ではない。

その万一の事故が起きてしまったときに、少しでも金銭的負担を軽減してくれるのが山岳保険なのである。山岳保険は決して自分のためだけのものではない。家族や仲間にかかってくる負担を減らすためのものでもあるのだ。それを考えれば、山岳保険への加入を山に登る者としての義務と位置づけることに、なんら無理はないだろう。

大峰山脈・釈迦ヶ岳　二〇〇六年五月

ふたつの事故

まず最初に事故の経緯について述べておこう。

東京練馬区に拠点を置く登山グループ「わかば歩こう会」のメンバー十七人（五十～七十歳代の男女）が、チャーターしたマイクロバスで新宿を発ったのは二〇〇六年五月十一日の夜十一時のことである。翌日の早朝、大台ヶ原ドライブウェイを経て大台ヶ原駐車場に着いた一行は、周回コースをたどって日出ヶ岳に登頂。昼前に下りてきてバスを行者還《ぎょうじゃがえり》トンネルの西口に回し、三時間ほどかけて弥山《みせん》小屋に入った。

翌十三日は大峰山脈の主稜線を大日岳まで縦走し、前鬼《ぜんき》に下山するという行程だった。あいにく天気は朝から雨だったが、リーダーの大野努（仮名・七十一歳）は充分行動できると判断し、朝食を取ったのちの朝六時二十分ごろ小屋を出発した。

事故が起きたのは午後二時十分ごろ、行程の終盤、釈迦《しやか》ヶ岳のピークの手前を通過していたときだった。パーティのうしろから四番目あたりを歩いていた六十歳の女性が、頂上を目前にして峻険な東側の谷に転落してしまったのだ。

転落者は声も上げずに落ちていったという。いちばん先頭にいた大野は、メンバーのひとりが「落ちたぁ」と叫んだことで事故の発生を知った。すぐに転落現場まで引き返し、谷底を覗き込んでみたが姿は確認できず、大声で名前を叫んでみても返事はなかった。そこで現場に印をつけてからとりあえず釈迦ヶ岳の山頂に登り、携帯電話を使って警察に事故の一報を入れた。携帯は辛うじてつながったが電波の状態が悪く、切れたり繋がったりを何度も繰り返してようやく事故の概要を伝えることができた。

「事故でみんな動揺している。暗くならないうちに全員を前鬼まで下ろしたい」

「それはかまわないが、今晩七時ごろ、救助隊が現場に向かう予定なので、誰か一緒に行ってくれないか」

「だったら私が同行します」

大野と警察との間でそんなやりとりがあり、一行は下山にとりかかった。ところ

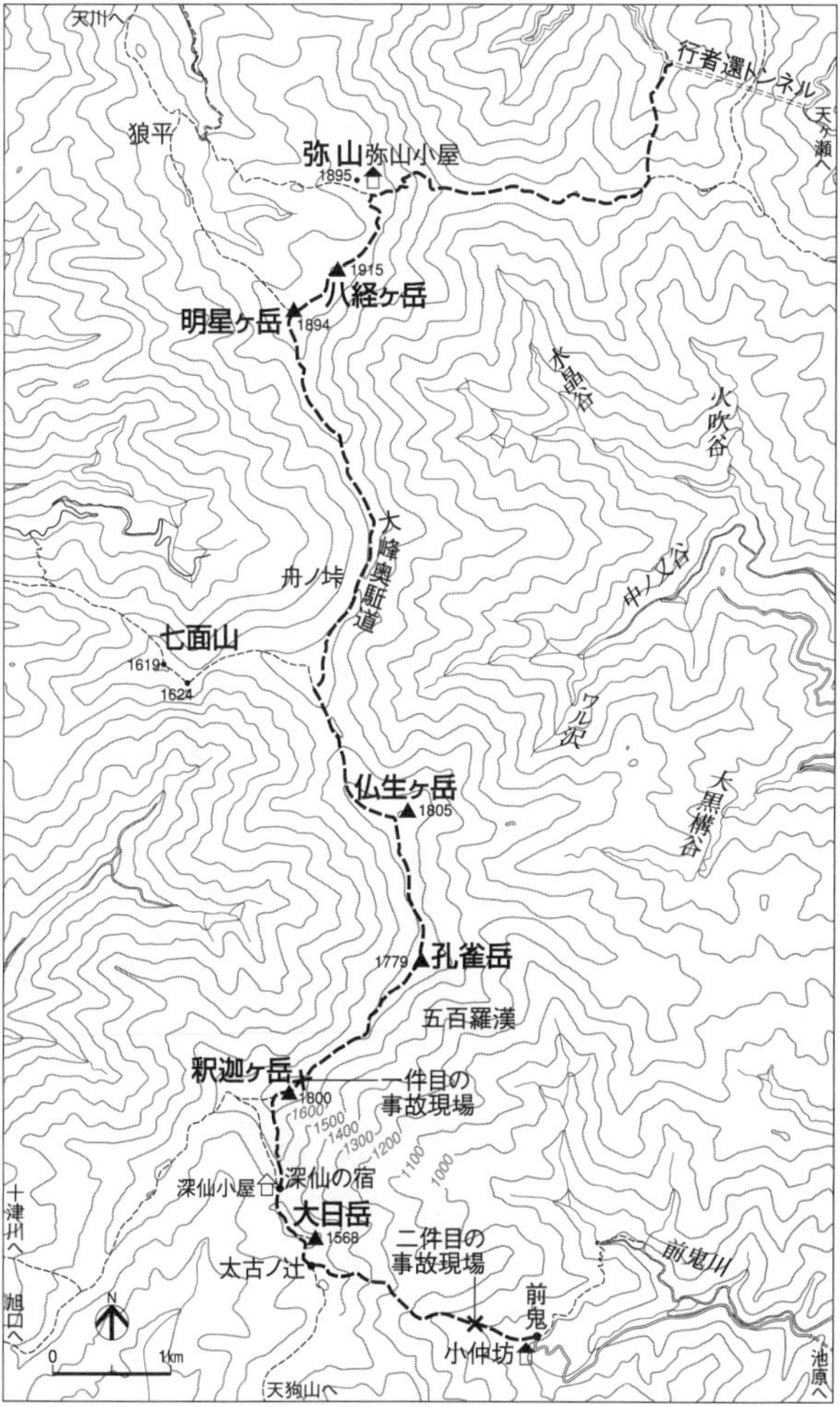
天川へ
行者還トンネル
天ヶ瀬へ
狼平
弥山
弥山小屋
1895
1915
八経ヶ岳
明星ヶ岳
1894
水晶谷
火吹谷
大峰奥駈道
舟ノ垰
中ノ又谷
七面山
1619
1624
ワル沢
大黒構谷
仏生ヶ岳
1805
孔雀岳
1779
五百羅漢
釈迦ヶ岳
1800
一件目の
事故現場
1600
1500
1400
1300
1200
1100
1000
深仙小屋
深仙の宿
大日岳
1568
十津川へ
二件目の
事故現場
前鬼川
太古ノ辻
前鬼
旭口へ
小仲坊
池原へ
N
0
1km
天狗山へ

が、下山途中でまたしても事故が起こってしまう。登山道の一部が崩壊して下の沢までザレ場となっているところで、大野の弟（六十九歳）が滑落してしまったのである。

弟もまた声も上げずに落ちていった。しかも最後尾を歩いていたため、誰も事故が起こったことに気づかなかった。二、三分ほどして先頭の大野が「お尻、ついてきている？」と声をかけてみて、みんな初めて弟の姿が見えないことに気がついた。すぐにいちばんうしろを歩いていたふたりが引き返し、崩壊箇所の下の沢の河原に弟が倒れているのを確認した。大野も現場まで戻って名前を呼んでみたが、返事はなかった。

この時点で時間は午後四時過ぎ。徐々に暗闇が迫りつつあった。前鬼の宿坊まではあと一時間もかからない。弟の救助が先か、メンバーを下山させることが先か。苦しい選択を迫られた大野は、まずは残ったメンバーを無事に前鬼まで下ろすことを優先させる決断をする。みんなを下山させたのち、自分ひとりで現場まで戻って弟を救助するつもりであった。

一行が前鬼の宿坊・小仲坊に着いてみると、吉野側の警察と消防の関係者がすで

小峠山から見た釈迦ヶ岳（右）から大日岳の稜線

に来ていて、そこで初めてもう一件の事故、大野の弟が滑落し、そのまま現場に残してきたことを報告した。関係者は「もうすぐ救助隊が上がってくるから待っていてくれ」と大野に告げ、その言葉どおり、間もなくして救助隊が小仲坊に到着した。救助隊と大野が小仲坊を出て現場へ向かったのは、午後六時前後のことと思われる。それから十～十五分ほど登っていったところで、一行は自力下山してきた大野の弟に出くわした。弟はザレ場で滑落したときに岩に頭をぶつけて気を失っていたのだが、間もなくして意識を取り戻し、自力で登山道まで這い上がって下山してきたのだった。

弟は救助隊の手によって小仲坊まで搬送され、手配した救急車で三重県内の病院に運ばれていった（のちに脳挫傷の重傷を負っていたことが判明。二週間ほど入院し、約一カ月後には完治したという）。そうしている間に、釈迦ヶ岳の西山麓にある十津川《とつかわ》村で組織された救助隊が、ひと足早く一件目の事故現場に向かっていた。同隊は夜七時ごろ現場に到着し、ただちに救助活動に取りかかった。

前鬼側からの救助隊も、当初は弟を救助したのちに釈迦ヶ岳山頂近くの事故現場に向かうことになっていたが、すでに十津川の救助隊が救助活動を行なっていたた

孔雀岳から見た釈迦ヶ岳の山容

め、この日のそれ以上の行動は見合わされた。

夜十時ごろになって、小仲坊で待機していた大野あてに、十津川の救助隊から電話がかかってきた。

「明日の十時から再捜索をすることになったので、現場まで上がってきてくれませんか」

それを聞いた大野は、「もうダメだな」と思ったという。

「生きている可能性があれば、明日の朝まで待たずに救助されているでしょうからね」

その日、前鬼の小仲坊に泊まったのは大野たちのグループのみだった。翌朝、大野は三時半に起床し、四時に宿坊を出発した。「ほかのメンバーは疲れているだろうから」と、マイクロバスの若い運転手が同行してくれた。救助隊員は同行しなかった。

十津川の救助隊とは十時に釈迦ヶ岳の山頂で落ち合うことになっていたが、ふたりが頂上に着いたのは九時。その日も冷たい雨が降っていて風も強く、寒い中で救助隊の到着を待っているのが大変だったという。なお、新聞報道によると、この日の捜索は吉野署と十津川署、吉野広域消防組合、地元の山岳救助隊の計八人、それに奈良県警ヘリコプターと県防災ヘリコプターの二機によって午前六時から始められていた。

やがて十津川から救助隊が登ってきて大野と合流し、事故現場付近での捜索が始まった。その約三十分後の十時半、登山道から一五〇メートルほど下の沢で遭難者の遺体が発見され、ヘリに収容された。遭難者は首の骨を折り、即死状態だったという。

その後、大野は現場検証に立ち合ったのちに下山、吉野署で遭難者の遺体を確認し、事情聴取を受けた。ほかのメンバーはその日のうちにマイクロバスで帰京した。入院している弟の見舞いや地元の役場での事後処理などにあたった大野がようやく帰路につけたのは、さらに二日後のことであった。

「登山ツアー」

この事故を起こした「わかば歩こう会」の創立は今から約三十年前、一九七七年四月のこと。練馬区内に住む気の合った人たちが仲間うちで「山に行きたい」と言い出したのが、そもそものきっかけだった。しかし、山へ行くにも適切なリーダーがいなかった。そこで知り合いから「リーダーがいないからやってくれないか」と話を持ちかけられたのが大野だった。以後、今日まで、大野は同会のリーダーを務め続けている。

大野が山登りを始めたのは十六歳のときからだから、登山歴は五十五年になる。一九五四年、東京野歩路会に入ったのが縁で山岳写真家の三木慶介とも懇意になり、長年にわたって山登りと山岳写真を続けてきた。若いころは、仕事よりも山登りを優先させるほど山に通い詰めていた時期もあった。

現在、同会の会員数は約二百三十人で、そのほとんどは五十歳代半ばから七十歳代までの中高年である。活動は、大野のほか数人いるリーダーが山行を企画し、会員は会報に掲載されたプランを見て行きたい山行に申し込むという形態をとっている。

山行内容は、街歩き的なものから三〇〇〇メートル峰登山までさまざまだが、基本的にはハイキングレベルの山行が大半を占める。各山行プランには以下のような難易度が記されていて、会員が参加する山行を選ぶ際のひとつの目安となっている。

らく　ゆっくり歩く平坦なコース　歩程二～三時間
一般弱　多少高低差があるコース　歩程三～四時間
一般　比較的整備されているが急登高もあるコース　歩程三～五時間
一般強　一般よりややきついコース　歩程五～六時間
健脚　かなりの経験と体力を要するコース　歩程六時間以上

ちなみに二〇〇八年二・三月の会報を見ると、山行プランのほとんどは「らく」か「一般」で、前者には「街ウォッチング　目白界隈」「白水山　バス日帰り」などが、後者には「鳴神山　バス日帰り」「八高山、突先山　バス一泊二日」「鎌倉～獅子舞の谷」「八甲田・岩手・蔵王（カメラ山行）　バス夜行二泊三日」などのプランがラインナップされている。

このように、リーダー格の者がいくつものプランを企画・立案し、会のメンバーのなかから参加者を募ってそれぞれの山行を実施する形態といえば、新ハイキング社の月刊誌『新ハイキング』がつとに有名だ。『新ハイキング』は、定期購読を申し込んだ者に対して自動的に「新ハイキングクラブ」の会員となる資格を与え、同会のリーダーが毎月約五十コースほど設定する山行に参加することができるようになるというシステムをとっている。山行計画の概要は『新ハイキング』誌に掲載され、会員はこれをチェックして、行きたい山行があれば申し込むというわけである（会員以外の人も参加できるプランもある）。

もちろん、会員規模はもとより運営方法や会則の整備度などについては、全国組織となっている「新ハイキングクラブ」と、限られたエリアの同好者の集まりである「わかば歩こう会」では比べるべくもないが、山行の実施形態は根本的に同じだと言っていいだろう。

ただ、新ハイキングクラブにしろ、わかば歩こう会にしろ、山登りが好きな人たちの集団であることに間違いはないのだが、従来の山岳会とはまったく性質が異なっている。たとえば、山岳会では登山の技術や知識を教えるための指導体系がしっかり確立されているが、これらの集団にはそれがない。あくまで「登山技術や知識は個人個人でそれぞれ学んでください」というスタンスである。また、山岳会のメンバーのような濃密な関係は築かれにくく、会員同士のつながりは希薄な傾向にある。というのも、山に行きたくてもひとりでは不安だという人が、便宜上グループで山へ行くための手段としてこうした会の会員になるからだ。何度か参加しているうちに、おのずと気の合う者同士が同じ山行に参加するようになってくるとはいえ、パーティのメンバーが当日になって初めて顔を合わせるというのも珍しくない話なのだ（わかば歩こう会の場合は会員数が限られているので、ある程度は会員同士が顔見知りだという）。

このように、〝『新ハイキング』方式〟で山行を実施している組織は、「山岳会」とは明らかに一線を画す。いくつものプランが提供され、会員が個々の技量や都合によって参加する山行を選ぶ方式は、旅行会社などが催行するツアー登山と同じ形態と言えよう。異なるのは、募集対象が不特定多数であるか、会員という一定の範疇内であるかだけだ。もっとも、「会員対象」としていながらも、会員が限りなく不特定多数に近い組織もあるようだが。

事故直後の五月十七日、「大台ヶ原・大峰の自然を守る会」会長の田村義彦は、環境省自然環境局近畿地方環境事務所長宛に「観光事故を口実に奥駈道《おくがけみち》の過剰整備促進を危惧する要望書」を提出した。そのなかに、今回の事故を痛烈に批判した次の一文がある。

〈あたかも山岳会であるかの如き名称を使用して不特定の参加者を募集して行なっ

たバスツアーと聞きます。巷の旅行業者が参加者を募集して行なう国内外の観光旅行ツアーと同様の形態・内容であって、会員による山岳会例会とは全く性格が異なります。登山大衆化現象に加えて百名山ブームが惹起されたことによって生じた、登山とは似て非なる〝観光登山バスツアー〟という新しい形態であります。（中略）山岳遭難ではなく観光事故です〉

一部、事実誤認もあるようだが、言わんとしていることは伝わってくる。当事者らにとってみれば心外かもしれないが、「山岳会ではない」「登山ツアーだった」というのは点ではまさにそのとおりだったと思う。なお、文中に「バスツアー」とあるのは、アプローチにマイクロバスが使われたことによる。この山行に限らず、わかば歩こう会の山行では、アプローチにチャーターしたマイクロバスが使われることが多いという。

出発時間

さて、そもそもこの山行は「熊野古道を歩く」という趣旨で企画されたもので、会報にプランを掲載したところ、リーダーの大野以外、十六人の会員から申し込みがあった。ただ、「熊野古道を歩く」と謳ったとはいうが、日本百名山のなかの二山、大台ヶ原山（最高峰は日出ヶ岳）と大峰山（最高峰は八経《はっきょう》ヶ岳）に登るわけだから、実は百名山目当ての山行だったという見方もできる。「一回の山行で百名山をふたつ稼げる」という認識の参加者も、実は多かったのではないだろうか。

大野を含めたメンバーの十七人は五十～七十歳代の男女で、全員が顔見知りだったという。行程は、前述したとおり夜遅く東京をマイクロバスで発ち、翌朝早く現地着。まず大台ヶ原の日出ヶ岳に登り、下山後にマイクロバスで行者還トンネル西口に移動し、弥山小屋まで入って第一日目の行動を終了した。行動時間は計六時間前後だったと思われる。

問題は二日目である。この日の行程は、弥山小屋を出発し、八経ヶ岳、明星ヶ岳、仏生《ぶっしょう》ヶ岳、孔雀岳、釈迦ヶ岳と大峰山脈の主脈を縦走し、前鬼へ下りて宿坊で泊まるというもの。標準コースタイムで約八時間という長丁場である。

メンバーの力量について、大野はこう述べている。

「参加者はみんな中高年だったが、剱岳や穂高岳や下ノ廊下などへの山行にも参加している人たちだから、体力的に問題があったというわけではない。足はそろっていたと思う」

しかし、当日は朝から雨が降っていた。この雨について、当日、同じ山域に入っていた天川村《てんかわ》役場の職員は、「台風並みの風雨だった」と言っている。

「まあ、土地の人は大げさに言うのでちょっと割り引かなければいけませんが、風と雨がかなり強かったことは間違いないでしょう。そういう状況でしたら、地元の人はまずあのコースには行きません。というのは、足がそろっていても八、九時間はかかる長丁場のコースなのに、釈迦ヶ岳の下に無人の深仙《じんぜん》小屋がある以外、いざというときに頼りになる小屋やエスケープルートがまったくないからです。歩きはじめたら、行くか引き返すかしかありません。そのコースに、風雨を突いて十七人で出発すべきではなく、前鬼に向かわせたバスを呼び戻して行者還トンネルに引き返すべきでした。目的が百名山であるなら、八経ヶ岳を往復するだけでもよかったのに。そうしていれば事故は起きなかったでしょう」

そう言うのは前出の田村だ。が、大野の見解はちょっと違う。

「土砂降りではなく、登山できない状況だとは思いませんでした。見通しもある程度きいたし、ふつうに歩くぶんには全然問題ありませんでした」

釈迦ヶ岳から仏生ヶ岳、七面山、八経ヶ岳へ連なる大峰山脈の山並

天川村役場の職員の認識と大野の認識の、どちらが現実に近かったのはわからない。ただ、大野は、「東京夜行発～大台ヶ原～弥山～八経ヶ岳往復」というバス山行をそれまでにも何度か実施しており、また弥山から釈迦ヶ岳までの縦走もだいぶ前に一度だけ行なっていたという。そうした経験が、「行ける」という判断につながった一因になっていることは間違いないだろう。

二日目、一行は朝六時からの朝食をすませ、六時二十分ごろに小屋を発った。大野がリーダーを務める山行では、標準コースタイムよりも約二時間ほど余裕を見て計画を立てるのが慣例となっている。この山行では行動時間を約十時間とし、午後四時過ぎには前鬼に下りるつもりでいたという。

「岩場は釈迦ヶ岳のところだけだし、メンバーの体力を考えてもコースとして問題はないと思いました。行動時間が長過ぎるということもないし、決して無理なコースではありません。実際、事故が起こるまでは順調に来ていました」

と大野は言う。だが、田村は「出発時間が遅すぎる」と指摘する。

「奥駈道（奈良吉野山から大峰山の主脈を経て熊野三山に至る修験道の修行場）を歩く修験者は、弥山の小屋を朝三時に起きて読経をあげてから出発します。ところが、遭難したパーティは六時二十分に小屋を出ています。いかにも遅いですよね。で、釈迦ヶ岳までだいたい五、六時間かかるんですが、それが八時間近くかかっているんです。雨なのでそれも当然でしょう。弥山小屋から明星ヶ岳までは、暗くてもヘッドランプがあれば歩けるので、せめて四時か五時に出て一時間ぐらい時間を稼いでおけばよかったのですが……」

この日、一行が前鬼の小仲坊に着いたのは午後五時過ぎだったという。四時過ぎまでには宿坊に入るとした大野の予定よりも一時間ほど遅いが、立て続けに起こった二件の事故でロスした時間を考えれば、コースタイムを十時間と計算した大野の読みは当たっていたと言える。

しかし、出発時間が適切だったかという点については疑問が残る。十七人という大所帯であること、天気が悪かったことなどを考慮するなら、何かアクシデントが起きたときのことまで考えて、田村が言うようにもっと早く出発するべきだった。もし一時間でも早く出発していれば、二件目の事故が起きたときに自力救助を試みるだけの時間的な余裕があっただろうから、弟を現場に置き去りにしなくてもすんでいたはずだ。

事故現場

さて、六時二十分に弥山小屋を出た一行は、雨のなか、奥駈道を南にたどっていった。大野によれば、「雨は朝からしとしと降っていたが、午後からは降ったりやんだりで、それほど悪い状態じゃなかった。見通しもけっこう遠くまできいたから、道に迷うようなこともなかった」という。大野が率いる山行では、ペースが遅い人を先に歩かせるようにしているため、多少の間隔は開くにしても、お互いの姿が見えなくなるほどバラバラになってしまうようなことはまずありえない。このときも、事故が起きるまでは疲れを訴えたり遅れ気味になったりする人はひとりもなく、計画はスムーズに進行しているように見えた。

しかし、釈迦ヶ岳の山頂を目前にして、事態は急転する。

この事故から間もない五月下旬のある日、毎日新聞の記者が田村らを伴って現場を検証している。その記事から一部を抜粋しよう。

〈頂上（注・釈迦ヶ岳）を越えると、山道は急変した。風が容赦なく体に吹き付ける。岩場ばかりで、気を抜くと、方向感覚を失いそうだ。

岩場の向こうに小さな鎖が見えた。これが登山道なのかと思うほどだ。私は四つんばいになり、高さ100メートル以上はある絶壁をゆっくりと進んだ。警察や「若葉歩こう会」のメンバーから聞いた話をもとに、女性が落ちたと思われる場所に着いた。高さ2メートルの断がいを鎖を頼りに登り切ると、大きな岩が。岩の左を抜ける道が現場らしいが、道幅は約30センチしかなかった〉（二〇〇六年六月十五日付毎日新聞地方版より）

田村の話では、釈迦ヶ岳周辺の奥駈道には「ヒヤヒヤするような箇所が少なくない。とくに危険なところには鎖がついているが、鎖がついていない箇所にも、少々危険だと思われるところはたくさんある」という。しかも、孔雀岳から釈迦ヶ岳にかけての東斜面はすっぱり切れ落ちた断崖のようになっていて、「五百羅漢」と呼ばれる岩峰が無数にそそり立っている。東側に落ちれば確実に命はない、という場所なのである。

だが、一方で「登山者であれば、まったく意識せずに登れるルート。落ちようと思っても落ちるところはない」と証言する地元の人もいる。田村も「一三〇〇年も前から修験者が通っている道なのに、今まで修験者の事故が起きたという話は聞いたことがない」と言っている。危険度がどの程度なのか、実際に現場を確認したわけではないのでなんとも言えないが、なぜその場所で事故が起こったのかについて、田村はこう推測する。

「私は雨のせいではないかと思っています。長丁場で疲れていたこともあって、雨で岩が濡れていて滑って落ちたのかな、と。天気がよければこの事故は起きなかったでしょう」

では、実際はどうだったのかというと、事故の瞬間を誰も目撃していないから転落原因は不明のままだ。ただ、大野は次のように述べている。

「ルートを間違えて転落したわけじゃありません。ハシゴを上がり切るとちょっと平らなところがあって、そのあと一、二段下がるようになっているんです。後続の人はハシゴを登っているから前が見えないんだけど、そこを飛び下りてしまってバランスを崩しちゃったんじゃないかな。それほど狭いところではなく、よっぽどのことがなければ危なくないような場所でしたからね。逆にそのあとのほうが悪かったんです。昨年、慰霊登山で釈迦ヶ岳に登ってみたら、事故現場ではなく、その先のほうがきれいに直されていました」

遭難者に疲れが出はじめていたのではないかという指摘については、「そんなこ

大日岳から見た釈迦ヶ岳

とはなかった」と否定する。それよりも影響を及ぼしたのは、彼女の精神面のほうだったのではないかと大野は言う。

その日の朝、弥山小屋を出発して間もなく、遭難者の女性はぴったりと大野の横につき、プライベートな仕事上の悩みを訴えはじめた。時間にしておよそ二時間、大野は彼女の悩みを聞きながら歩き続けることになった。

「気の強い人だったから、そうとう思い詰めていたんじゃないかな。精神的な悩みが大きく、そのせいで落ちてしまったような気がします」

思い悩むあまり注意力が散漫になっていて、ついうっかりバランスを崩すか足を踏み外すかして落ちてしまったというのはありうる話だ。ただし、それはあくまで推論であり、疲れや悪天候などが要因となった可能性は否定できないし、いくつもの要因が複合的に重なり合っていたことも充分に考えられる。

事故発生後、大野らは現場から遭難者の安否を確認しようとしたが、姿は見えず、呼びかけてみても反応がなかったことから、釈迦ヶ岳の山頂まで行って警察に救助を要請した。その際に、大野は「みんなを早く前鬼まで下ろしたい」と告げている。仲間が転落したことで、ほかのメンバーは大きなショックを受けており、まだ明かるいうちに行動を終わらせたいと考えたからだ。事故現場は急峻な岩場で自力救助が困難だったこと、釈迦ヶ岳と大日岳の間にある深仙小屋は五人分の収容スペースしかなく待機するには不都合だったこと、現場からいちばん近い下山口が前鬼だったこと、あと三時間もすれば暗くなってしまうことなどを考えれば、妥当な判断だったと言えよう。

判断の是非

だが、下山を急ぐ一行に、またしてもアクシデントが襲いかかる。前述したとおり、最後尾を歩いていた大野の弟が滑落してしまったのだ。現場は、前鬼まであと約一時間もかからないところ。鎖が設けられている急な木の階段を上がり、尾根の上に出たら今度は階段を下っていく途中で事故は起きた。

その下っていく階段にも山側に鎖が付けられていたのだが、途中で階段と鎖が途切れていて、すぐ下で登山道の谷側が崩壊してえぐれている箇所があった。そこには立ち入り禁止を示す細いロープが張られていた。故意だったのか無意識だったのかは不明だが、大野の弟はそのロープをつかんでしまったという。ところが、ロープは細い木に縛りつけられていただけだったため、加重に耐えきれずに一方の木が抜けてしまい、その拍子に弟はバランスを崩して谷側に落ちてしまったのである。

毎日新聞の記者とともに現場を確認した田村によると、木の太さはわずか直径二、三センチで、田村らが訪れたときも抜けた木がロープにぶら下がったままだったという。

「鎖がもうちょっと続いていれば、その人は鎖を頼りにして無事通過できたと思います。もうその先は安全地帯ですからね。ところが鎖が中途半端なところで終わっていて、なおかつ細引が張られていたので、ついそれを頼りにしてしまったのでしょう。よけいな細引が張られていなかったら、落ちていなかったと思いますよ。まあ、仲間をひとり失って、体力的にも精神的にも疲労困憊していたということもあるんでしょうけれど」

だとすれば、階段や鎖を中途半端に設置し、鎖代わりに握ってしまうような危険なロープを張った者の責任も問われることになろう。

田村の話では、大峰山脈の山麓から稜線の奥駈道に至るアプローチには、何百、何千段という木製の階段が設けられているそうだ。たとえばこの事故が起きた前鬼から太古ノ辻までの間には、一〇〇〇段の階段があるという。田村が会長となっている「大台ヶ原・大峰の自然を守る会」は、かねてから木製階段の危険性を指摘しており、大峰山系における国や県による登山道の過剰整備をずっと批判し続けてきた。

もちろん、山登りは〝自己責任〟で行なうのが大前提であり、万一事故が起きた場合も、その責任は当事者が負うというのが原則である。だが、「登山道整備」という名目で事故が起こりやすい状況がつくりだされているとしたら本末転倒であり、それが事故の一因となった場合には、整備した者の責任が問われるのは当然だろう。

話を事故当時に戻そう。大野の弟は登山道の一部がえぐれているところで転落し、下の沢までザレ場を転げ落ちていった。落ちた距離は五～一〇メートルほどだという。ザレ場のあちこちには大きな露岩があり、下の沢は涸れ沢になっていた。

弟はパーティの最後尾を歩いていたため、転落したことには誰も気づかなかった。全員が危険箇所を無事通過したかどうかを確認すべく、大野が後方に声をかけたのが、現場から二、三分行ったところ。そこで初めて事故が発覚した。

現場まで引き返してみると、下の河原に弟が倒れているのが見えた。名前を呼んでみたが返事はなく、大野はほかのメンバーに「脳震盪でも起こしているんじゃないか」と言った。

〈日の入りが間近に迫っていた。「まともに道筋もついてなく、岩場も多い。視界が悪くなったら致命傷だ」。大野さんは弟の救助より仲間の安全を最優先させて山を下ったという。「実の弟を残し、大野さんは後ろ髪を引かれる思いだったはず」。メンバーはリーダーをかばった〉(二〇〇六年五月十六日付毎日新聞より)

すぐに弟の救助に向かうべきか、あるいはほかのメンバーを安全に下山させることを優先させるか、苦しい決断だったに違いない。そのときのことを、大野はこう振り返る。

「現場へ下りていくには急なザレ場だったし、暗闇も迫っていました。前鬼の小屋まであと少しだったので、その場で弟を救助するという判断はせず、みんなを下ろしてから引き返してきてもそれほど時間はかからないだろうということで、先を急ぐことにしました」

この判断については、是非が分かれるところだろう。だが、厳しい言い方をすれば、結果的に「仲間を見捨てていった」ということになる。落ちた高さは五～一〇メートルなのだから、生きている可能性は高い。しかも上から姿が確認できるのである。十五人ものメンバーがいながら、なにかほかの手を打てなかったのかと思わずにはいられない。「数名が現場に残って救助にあたり、残りの者は下山する」という選択肢がなぜなかったのか。補助ロープがあれば河原まで下りられただろうし、そうすればどの程度のケガを負っているのか確認でき、ケガの程度に応じた対処をすることができたはずだ。

結果だけを見れば、弟はしばらくして意識を取りもどし、脳挫傷という重傷を負ったにもかかわらず自力で下山してきて救助されたのだから、「不幸中の幸いだった」と言うこともできよう。しかし、ほかのメンバーを前鬼まで下山させることで救助が遅れ、それが原因で命を落としていた可能性も否定はできない。だいいち、大野ひとりが戻ってきて弟の救助にあたるよりも、転落直後にパーティのメンバーと協力し合って救助を行なったほうが、助けられる確率は絶対に高かったはずである。

そうしたことを考えてみると、救助を後回しにして下山を優先させたことが最良の判断だったとは、どうしても思えないのである。

リスクマネジメント

以上、事故当時のパーティの足取りを追いながら検証作業を行なってきたが、疑問に思うのは、リーダーや参加者がリスクマネジメントについてどう考えていたかということだ。

前にも述べたように、わかば歩こう会では数名のリーダークラスの者が山行を企画し、そのプランを会報に掲載して参加者を募るという〝ツアー登山形式〟の山行を実施している。山行の内容によって多少の違いはあるが、参加者はいつもだいたい十五〜二十人ぐらいだという。そこでまず、ガイドレシオ（ガイドひとりあたりに対する参加者の適正人数）についてどういう認識があったのかという点が問われてくる。

ちなみに旅行業ツアー登山協議会では、「無雪期における標高二〇〇〇メートル内外の中級山岳及び標高三〇〇〇メートル内外の山岳を対象として設定した『コース難易度に対する引率者比率の目安』」を明文化しているが、それによると今回のわかば歩こう会の山行は「一日の歩行時間が六〜八時間程度の縦走コース。登山道はやや明瞭を欠く部分があり、緩急が大きく、幅員も小さく、一部にハシゴやクサリ場がある。転滑落の危険箇所が多い」に該当するものと思われ、「参加者十五〜二十人に対し、引率者二〜三人」を目安としている。また、日本山岳ガイド協会は、「比較的明瞭で危険箇所が一部あるが、人工的なハシゴやクサリが取り付けられている一般登山者の往来が多い登山道」でのガイドレシオを「ガイドひとりに対して顧客人数は十人まで」と定める。

ところが、わかば歩こう会の山行では、常に引率者はリーダーひとりだけだという。

「うちはサブリーダーをとくに置いていません。なにか起きたときの責任は、すべてリーダーが取ります。サブリーダーとして名前が出てしまうと、責任を取らされますから」

そう大野は言った。だが、リーダーのほかにサブリーダーを定めるのは、あるいは大所帯のパーティに複数の引率者を配置するのは、なにかアクシデントが起きたときに最善の対処をするためである。なのに「責任を取らされるから」という理由でそれを置かないのは、参加者の安全を確保するという引率者としての義務責任を放棄することに等しい。つまり、登山のリスクマネジメントがなされていないということになる。

「大野さんひとりで十六人のメンバーの面倒を見るのはちょっと無理なのでは」

という質問に対して、大野は次のように答えた。

「そんなことはない。二十人ぐらいいても、みんなちゃんとついてきている。だいたいいつも体力的に弱い人が前を歩き、強い男性がうしろについて、おのずとサブリーダーの役割を果たすようになっているから問題はない」

だが、本当にそうだろうか。事実、この山行では二件の事故が立て続けに起きている。しかも、どちらの事故に対してもセルフレスキューは行なわれていない。繰り返すことになるが、もしサブリーダーがいたなら（弟がサブリーダー的な立場だったのかもしれないが）、一件目の事故のときはともかく、二件目の事故についてはもっと適切な対処ができていたような気がするのである。

このパーティにセルフレスキューのノウハウが備わっていたのかどうかはわからない。大野が今回のような大きな事故に遭遇するのは初めてとのことだが、骨折程度の事故はこれまでにも経験しており、その都度セルフレスキューは行なってきたという。また、大野自身、ほかのパーティの遭難事故の救助・捜索にはこれまで何度も加わったことがある。しかし、大野ひとりだけにノウハウがあっても、ほかのメンバーが機能しなければセルフレスキューは成り立たない。

この山行に参加したメンバーの力量について、大野は「劒岳や穂高岳や下ノ廊下などへも行っている人たちだから」という言い方をした。当然、「サブリーダーの役割を任せられる強い男性」も参加していたのだろう。ならばそれなりの経験を積んでいる登山者ということになり、万一のときの基本的な対処はできるだろうと思うのだが、今回の事故においてそれが発揮されたという話はまったく聞けなかった。

なぜかと考えたときに、わかば歩こう会の会員がこれまで大野に「連れていってもらう」山行しかしてこなかったのだとすれば納得がいく。

パーティを組んで山へ登るときにバテてしまう人が出るのは珍しいことではないが、大野が率いる山行でも、ときに体力・技術レベルの低い人が参加してきて、途中でバテてしまったりすることがあるという。それが早い時点でわかれば、下にバスを待たせておいて下山させるが、ある程度のところまで来ているときには、荷物をみんなで分けて背負って一緒に来させるようにしているそうだ。

「ひどいときにはバテた人のザックを三つぐらい背負ったこともありました。早めにザックを取り上げて空身にしてあげれば、なんとかついてこられますからね。落ちこぼれ寸前のような人でも、荷物を背負ってでもなんでもして連れていってあげるわけです」

その結果、広まったのが、「大野さんなら連れていってくれる」という評判である。バテてしまった人の荷物を持ってあげるのは間違ったことではないが、リーダーの「連れていく」という意識が、結果的には参加者に過剰な依存心を植えつけることにつながってしまっているのではないだろうか。

〈相手のペースに合わせてリードしてくれる。「大野さんがリーダーだからこのツアーに参加した」とメンバーは口をそろえた〉

これは、今回の事故を報道する新聞記事に掲載された、参加者の大野に対する評価である。大野自身、「三十年近くリーダーをやっていて、これまで延べ五万人ぐらいの人を山に連れていっている（傍点著者）」と言ってはばからない。

通常、登山におけるパーティというのは目的を一にする者たちの集まりであり、リーダーやサブリーダーを立てはするものの、ほかのメンバーが彼らにおんぶにだっこで山に連れていってもらうわけではない。ひとりひとりのメンバーは登山者として自立した存在であり、そのメンバー全員の共同作業として山登りを遂行するのがパーティ登山であるはずだ。

だとすれば、「連れていく」という意識のリーダーのもとに、「連れていってもらう」という意識の依存型の参加者が集まった集団は、もはやパーティとは呼べまい。それはやはり「ツアー登山」というしかないだろう。

誤解しないでいただきたいのは、決してツアー登山を否定しているわけではないということだ。今日、ツアー登山は山登りの一形態として広く認識されるようになり、ツアー登山に参加して山行を重ねている登山者はかなりの数にのぼるものと見られている。その流れはもう止められるものではないし、ツアー登山による弊害を嘆くよりも、どうすればよりよいツアー登山が実現できるか前向きに考えたほうが賢明というものだ。その大きな鍵となるのが、リスクマネジメントをどう行なうかである。

参加者が「山に連れていってもらう」という意識ならば、それはそれでかまわない。ただし、連れていく側には、万一のアクシデントが起こったときに、最善の対処ができるリスクマネジメントを確立しておく必要がある。たとえば今回のケースで言えば、転落した遭難者をセルフレスキューで救出し（もちろん可能な範囲での話だが）、なおかつほかの参加者を安全に下山させるというノウハウである。それを実現させるには、冷静で的確な判断ができる優れた技量の引率者の存在と、より厳しいガイドレシオが必要不可欠となろう。そうした条件を満たせるのであれば、ツアー登山という形態も認められていいと思う。

しかし残念ながら、ツアー登山においてリスクマネジマントをどう行なうかという認識はまだまだ低いと言わざるを得ない。それどころか、ツアー登山まがいなことをしていながら当事者たちにはツアー登山であるという自覚がなく、リスクマネジメントが不充分なまま、いっぱしの山岳会気取りで活動している集団も少なくないようだ。

しっかりしたリスクマネジメントがなされていないツアー登山形態での遭難事故は、今後ますます増えていくのかもしれない。

百名山と世界遺産

最後になったが、今回の事故の舞台となった大峰山脈の特異性についてもひとこと触れておこう。

大峰の奥駈道が広く知られるようになったのは、二〇〇四年、「紀伊山地の霊場と参詣道」の史跡のひとつとして世界遺産に登録されたことによる。もっとも、大峰山が「日本百名山」にも数えられていることから、もともと登山者の人気が高いエリアではあったが、今は世界遺産と日本百名山というふたつのブランド力により、多くの人々が訪れるようになっている。

その影響かどうか、大峰山脈一帯では近年、遭難事故が増える傾向にあり、地元の警察署では「台高山系、大峰山系は分岐が多くルートを外れると険しく中級以上の山と思って下さい」などと注意を呼びかけている。田村もまた、県外、とくに関東圏からの登山者による事故が目立っていることから、「関東の人は、そのへんにちょっとハイキングに行くような感覚で来ている。関西の中級山岳をナメているのか」と憤る。

だが、それよりも田村が見過ごせないのは、世界遺産や日本百名山目当てで大峰山を訪れる観光客や登山者のなかに、その歴史的背景を理解して来ている人がどれだけいるかということだ。

紀伊半島のほぼ中央に位置する大峰山脈は、北は吉野山から南は玉置山に至る約五〇キロの山塊で、前述したとおり、その最高峰は八経ヶ岳である。ただし、一般に「大峰山」というと、修験道の霊山として知られる山上ヶ岳を指すことが多い。その山頂近くには修験道の寺院・大峯山寺が建ち、今なお山全体を聖域として女人禁制が守られている。

修験道は、山を神として敬う日本古来の山岳信仰と、仏教や道教などが結びついて七世紀後半に成立した日本独特の宗教であり、役行者が開祖とされている。修験者は霊験を得るために山中での修行を行なうのだが、その修行場として拓かれたのが大峰奥駈道である。奈良吉野山から山上ヶ岳、弥山、釈迦ヶ岳を経て熊野三山に至るこの修行道上には、「靡《なびき》」と呼ばれる七十五の行場があり、いまでもあちこちで山伏姿の修験者を見ることができる。

「修験者にとって、登山者はアウトサイダーみたいなもの。独特の呼吸で六根清浄を唱えながら奥駈道を走っていく彼らには、登山者は邪魔な存在なんです。だから私たちが奥駈道で行者さんに出会うと、道を譲って行ってもらうようにしています。もちろん言葉はかけないし、『こんにちは』なんて挨拶もしません。大峰山では、私たちはそういう登り方をしてきました。もともと登山者の山ではなく行者の山だと思っているから、遠慮があるんです。そういうところへ東京からバスを仕立てて来るな、と私は言いたい。『大峰は修験者の山。遠慮しなさい』というのが正直な気持ちです。来るならそれなりの気持ちで来てほしい。一回のツアーで百名山をふたつ稼ぐというような気持ちで来てほしくはありません。誰からも支持されない考え方でしょうけどね」

たしかに田村の意見は極論であろう。「大峰山は修験者の山」という認識に異論はないが、とくに登山者の入山が規制されているわけではないから、「登るのは自由」であるはずだ。だがしかし、その地域の文化・風習・歴史などを理解しようとせず、ただ己の欲するまま土足で入り込もうとするのは傲慢以外のなにものでもなく、そこに住む人々との軋轢を生むのは明白である。

それはなにも大峰に限った話ではない。百名山を目標にして全国各地に赴くのは勝手だが、「とにかく数を稼ごう」という気持ちだけで我が物顔に山に登っているとしたら、あまりに心が貧しすぎる。せめてその山とその地域を広く理解しようと努め、また「登らせてもらっている」という謙虚な気持ちを忘れないようにしたいものだ。

いろいろな意味で〝豊かな〟山登りというのは、そういうものだと思う。自戒を込めて。

赤城山・黒檜山　二〇〇七年一月

予定変更

二〇〇七年一月二十八日の朝、小泉聡子（仮名・五十五歳）は家族に「山岳会の仲間と日帰りで裏妙義の谷急山《やきゅうさん》に行ってくる」と告げ、群馬県内の自宅を車で出た。仲間とは七時に高崎市内のパーキングで待ち合わせることになっていた。声をかけあっていた仲間は四、五人。集合場所で一台の車に乗り換えて登山口へ向かう予定だった。

ところが、約束の時間を過ぎても待ち合わせ場所には誰も来なかった。それもそのはずである。約束していた山行日は一週間後の二月四日。小泉はうっかり日にちを一週間勘違いしていたのだった。そのことに気づいた彼女は、とりあえず谷急山へ行くことはやめにして、ひとりで赤城山の黒檜山《くろびさん》に登ることにした。

群馬県のほぼ中央に位置する赤城山は、榛名山、妙義山と並ぶ上毛三山のひとつであり、山上部にカルデラ湖を有する複式火山として広く知られている。ちなみに赤城山というのは単独のピークの名前ではなく、カルデラ湖を取り囲むようにして鎮座する標高一三〇〇〜一八〇〇メートルの山々の総称である。その最高峰が、カルデラ湖のひとつである大沼《おの》の東岸にそびえる標高一八二八メートルの黒檜山だ。

小泉は、山行の日にちを間違えた四日前の一月二十四日、実は山岳会の仲間三人とともに黒檜山に登っている。山頂への最短ルートは大沼湖畔の大洞《だいどう》北登山口から直登するコースで、所要時間はゆっくり登っても往復約三時間。ルートははっきりしていて、危険な箇所もないことから、初心者向けのコースとして人気が高い。

それは無雪期だけの話ではなく、冬であっても登る人はあとを絶たず、降雪直後でもないかぎりトレースが消えることはない。ところどころアイスバーンになっている箇所でのスリップにさえ気をつければ、初心者でも手軽に雪山気分を満喫できるコースなのである。

二十四日に登った四人も、このコースをたどった。コース上には数十センチの積雪があったがトレースは明瞭で、無雪期とほぼ変わらないコースタイムで登ることができた。山頂付近の木々には霧氷が付着していたというから、気温はかなり低か

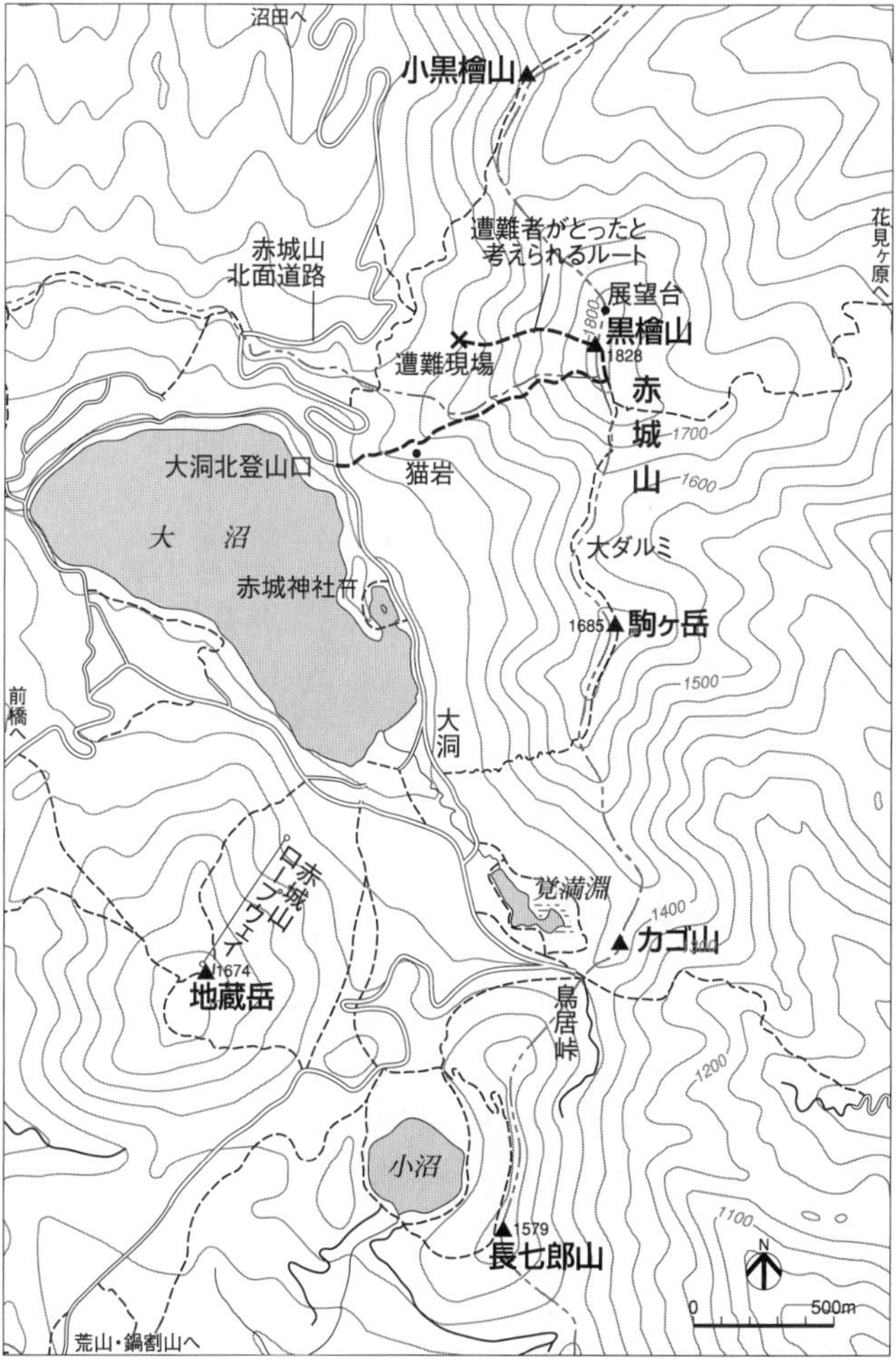
沼田へ
小黒檜山
花見ヶ原へ
遭難者がとったと
考えられるルート
赤城山
北面道路
展望台
黒檜山
1828
1800
遭難現場
赤
城
山
1700
大洞北登山口
猫岩
1600
大　沼
大ダルミ
赤城神社⛩
1685
駒ヶ岳
1500
前
橋
へ
大
洞
赤城山
ロープウェイ
覚満淵
1400
カゴ山
1300
1674
地蔵岳
鳥
居
峠
1200
小沼
1100
1579
長七郎山
N
0
500m
荒山・鍋割山へ

ったようだ。

このときの下りで、四人はワカンを装着し、わざと一般ルートを外れるようなコース取りをした。自分たちでルート・ファインディングをしながら、踏み跡のない雪面にトレースをつける醍醐味を味わってみたかったからだ。

といっても、まったく未知の斜面に入り込んだわけではなく、方向を間違えないように大沼と夏道を視界に入れながら、夏道から一〇～三〇メートルそれた北側の斜面を下っていっている。たぶん山頂直下の尾根から南へトラバース気味に下っていき、ある程度下ったところで正規のルートに合流したのだろう。

一般ルートを外れても積雪はさほど深くはなかったが、ときどき足をとられてバランスを崩すこともあった。常に三番手か最後尾を歩いていた小泉は、仲間が三人いるという安心感がそうさせたのか、ただ漠然と行動しているように見受けられ、周囲の状況に気を配っているような様子はほとんど見られなかったという。

このときの経験が、丸一日ぽっかりと時間が空いてしまった小泉を再び黒檜山へと向かわせた。四日前に登ったばかりでコースの状況はよくわかっており、危険度は少ないと判断したのだろう。それにも増して、「誰も足を踏み入れていない雪面

事故現場の黒檜山西面。中央が黒檜山山頂、左が展望台

に自分のトレースを印していく楽しみをもう一度体感したい」という気持ちを抑えることができなかったのかもしれない。

山行の日にちを勘違いしていたことに気づき、携帯電話のメールで山仲間に「黒檜山へ行く」と告げた小泉は、そのまま自分の車で大洞北登山口へと向かった。登山口の駐車場に着いたのはおそらく九時前後。その後の足取りは、山頂付近で彼女を目撃したという二件の情報から、登山口を出発したのが九時半ごろ、山頂到着が十一時ごろと推測されている。が、生きている小泉の姿が確認されたのは、それが最後となってしまった。

小泉が所属していた高崎勤労者山岳会のメンバーのもとに、小泉の娘から「お母さんがまだ帰ってきていない」という連絡が入ったのは翌二十九日の夜十一時十分のことであった。小泉が家を出てから二日が経っていた。「日帰りする」と告げられていたのだから、本来なら昨夜のうちに連絡があってしかるべきである。

ではなぜ連絡が遅れたのかというと、小泉はひとりで気ままに山に行くことも多く、それを誰にも知らせていなかったり、山岳会の仲間や家族らが心配するのをよそに突如計画を変更して山小屋に一泊してきたりすることが過去に何度かあったそうだ。だからこのときも、家族は「またどこかで一泊しているのだろう」と思っていたのだという。しかし二日目の夜遅くになっても帰宅しないことから、さすがに心配になった娘が山岳会に連絡を入れたのだった。

一方、小泉から「黒檜山へ行く」というメールを受け取っていた会の山仲間は、その当日に「黒檜山はどうでした？」と小泉にメールを入れたが返信はなく、夜になって改めて連絡してみたが、やはりつながらなかった。その時点で不審に思わなかったのは、娘が思ったことと同じ理由による。

家族からの連絡を受けた山岳会のメンバーは、日付が変わった三十日の深夜、とりあえず黒檜山の大洞北登山口まで足を運び、駐車場で小泉の車を確認した。車内には、唯一の連絡手段である携帯電話が残されていた。前日に会の山仲間が連絡をとろうとしてもとれなかったのも当然である。これによって小泉の遭難が確実となり、ただちに家族を通して警察に救助要請が出されたのだった。

一夜が明けた三十日の午前八時四十分、群馬県警航空隊のヘリコプターが現地に飛来し、黒檜山上空からの捜索を開始した。九時には大洞北登山口に現地捜索本部が設けられ、高崎勤労者山岳会の会員、警察関係者、「群馬ベルクバハト」のメンバーが集まって今後の捜索方法について話し合われた。

群馬ベルクバハトというのは群馬県勤労者山岳連盟のレスキュー組織で、加盟団体の有志が集まって日ごろから救助訓練を行ない、万一の事故に備えている。今回のように加盟団体のメンバーが遭難し、救助要請があった場合に出動していって救助活動を行なうわけである。

話し合いの結果、所轄の前橋署には登山経験のある警察官がほとんどいなかったことから、群馬ベルクバハトが主体となって救助活動を行なうことになった。その了解を得るにあたっては、警察から「くれぐれも二重遭難を起こさないように」と強く念押しされたものの、警察が主導していないのであれこれ制限されることもなく、かえって動きはとりやすかったという。

捜索隊は、群馬ベルクバハトのメンバーのほか、高崎勤労者山岳会の会員とそのOB、群馬労山の傘下団体のサポート要員、それに警察官数名の総勢三十〜四十名で構成された。捜索対象エリアは、黒檜山西面の各沢と一般コース全八ルート。小泉は四日前とほぼ同じコースをたどっているものと考えられたため、そのなかでも西面の沢筋を重点的に捜索することとなった。

九時四十五分、各班に分かれた隊員は、それぞれの捜索エリアへと順次出発していった。しかし、この日の捜索は空振りに終わった。手がかりはなにもなし。午前と午後の二回飛んだ県警ヘリコプターも、なにひとつ収穫を得られないまま引き上げていった。

午後四時四十分、捜索が切り上げられたのちにミーティングがもたれ、今後の捜索方針が検討された。その結果、明日は今日捜索できなかったエリア、黒檜山の北東面と南東面を捜索するとともに、赤城山のほかの外輪山に行った可能性もあるとして、長七郎山と鍋割山にも数名の隊員を派遣することになった。また、警察からは「明日はヘリを飛ばせないが、二月一日に天気がよければヘリでの捜索を再度行なう。現地捜索本部には連絡職員を配置する」旨が告げられた。

遺体発見

翌三十一日、四十二人の捜索隊員は朝八時に現地捜索本部に集合し、ミーティングのち、ただちに捜索にとりかかった。昨日と同じように捜索エリアごとに班編成がなされ、隊員はそれぞれ駒ヶ岳〜黒檜山〜小黒檜山の稜線一帯、黒檜山北東面、黒檜山西斜面の猫岩から上のルンゼ内、長七郎山などに散っていった。

消息を絶った小泉の姿を求めての捜索が展開されるなか、九時四十五分になって有力な情報がもたらされる。小泉が黒檜山に登ったその日に、「山中で小泉さんらしい人物を見た」という一般登山者からの通報が二件、所轄署に寄せられたのだ。通報者はマスコミ報道で遭難事故を知り、「もしや」と思って連絡してきたのだった。すぐに折り返し通報者に連絡をとって詳しい話を聞いたところ、目撃されたのが小泉に間違いないことが確認された。

最初の目撃情報は、事故当日の午前十一時ごろ。通称〝展望台〟と呼ばれる、黒檜山山頂より五分ほど北側に行った地点で小泉らしい人物を見かけたというもの。その一時間後の十二時ごろ、やはり小泉と思われる女性が黒檜山山頂から大沼側の藪の中へ入っていったというのがもう一件の目撃情報である。その目撃者の話では、女性は躊躇することなく下っていったそうだ。一般ルートを外れていったことを不審に思わなかったのは、「用を足しにいったのだろうと思ってあまり気に止めなかったから」だという。

黒檜山の山頂付近からは明瞭な尾根が大沼方面へ二、三本派生しているが、山頂直下の尾根を下るつもりだったのを一本間違え、小泉は山頂より少し北側の尾根を下っていってしまったようだ。下山開始時点ですでにルートを誤っていたわけであるが、捜索に加わった隊員のひとりはこう言っている。

「原則的には四日前にたどったルートを下りるつもりだったけれど、もしかしたら『ちょっと違うところを』という意識があったのかもしれませんね。でも、いちばん重要なのは最初の下り口のポイントをどこにするかです。下りはじめる地点の確認が甘かったと思います。四日前に行っているということから、油断・スキが生じたのでしょう。まったく同じところを下りていれば問題なかったと思うんですが……」

目撃者からの情報によって小泉の足取りが明らかになり、捜索を黒檜山の西面に集中させることになった。午前十時、隊員を小分けにしてなるべく隙間なく配置し、南北に延びる稜線から西側へ櫛形に下りながらの捜索が開始される。前日には「飛ばせない」と言っていた県警ヘリもやりくりがついたようで、十時二十分ごろ飛来してきて西面の沢筋を中心に見て回っていた。

小泉が下山を開始したと思われる地点にはワカンの跡がふたつあり、前日の捜索時に隊員のひとりがこれをたどっていっているが、途中で谷が深くなっていて下りられなくなり、途中で引き返してきていた。隊員のひとりがこう証言する。「入ってみたら、赤城の谷は意外と深く、岩もぼろぼろでもろかった」と。

この年の冬は暖冬と言われ、群馬県の平野部では積雪が記録されなかったが、山に入ればそれなりに雪はあった。例年に比べてたしかに雪が少ないとはいえ、ルートを外れればワカンを履いていても腰ぐらいまでは潜った。

そんななか、前日に引き返していた地点からわずかに下りていったところで、若干上を見上げるような形で双眼鏡をのぞいていた隊員が、沢筋になにか光るものを発見した。それは尾根上からは見えない位置にあり、その場所まで下りてきて初めて確認できるものだった。

「なんだろう」と思った隊員が十分ほどかけて斜面を大巻きし、その場所にたどり着いてみると、そこに遭難者の遺体があった。十二時十分のことである。

遺体発見から約一時間後の午後一時八分、搬出装備を携えた救助隊が現場に到着した。現場は黒檜山西斜面の標高一五四〇メートル付近の沢筋、高さ一五メートル

事故現場の涸れ滝。黒檜山西斜面の標高1540メートル付近、落差約15メートル

ほどの涸れた滝の下であった。遭難者は、倒木の下にできた穴の中にすっぽりと潜り込んでいて、座ったままの姿勢で事切れていた。そのためよけいに発見されにくかったのだ。

滝の上部には、滑落痕が一筋の雪の溝となって残っていた。落下点から穴までの距離は一〇～一五メートル。つまり転落した時点で小泉はまだ動ける状態であり、移動して穴の中に避難したのである。転落したときにどれぐらいのダメージを負ったのか、歩けたのか、這うのが精一杯だったのかはわからない。が、外見的には顔にちょっと擦り傷がある程度で、どこかケガしているような痕跡も出血も見られなかった。

ザックは穴の外に置かれていて、中の所持品のほとんどがザックの周りに散らばっていた。おそらく発見されやすいようにそうしたのだろう。その装備のひとつ、銀マットが太陽の光を反射して捜索隊員の目にとまったのだった。

散らばった所持品のなかには着ていた下着もあった。体温を低下させないように、穴の中に潜り込む前に濡れた下着を脱いだようだった。フリースの中間着の上にはゴアテックスのジャケットを着込んでいた。アイゼンとワカンは装着したままだっ

事故現場。捜索隊員の奥が涸れ滝

た。片手のオーバー手袋とピッケルが失われており、現場周辺にも見当たらなかったことから、滝から転落する前になにかしらのアクシデントが発生した可能性も考えられた。

寒さをしのぐためになんとか穴の中に潜り込んだまではよかったが、ビバークするための装備、ツエルトや防寒具、コンロなどはなにひとつ持っていなかった。現場の標高は約一五〇〇メートル、夜間の気温はマイナス十度以下になったものと思われる。しかも当日の夕方は一時的に冬型の気圧配置となり、雪も舞った。疲労し、転落してケガを負った体には、過酷な寒さだったに違いない。

防寒具もファーストエイドキットもヘッドランプもライターもなく、寒さと苦痛と暗闇と闘いながらのビバーク。結果的に小泉は二晩を山中で過ごしたことになるが、最初の晩のうちに力尽きた模様である。のちの検死で、遭難者は頭部と胸部に打撲傷を負っており、死因は低体温症（凍死）によるものと判明した。

現場に到着した救助隊員らは、状況を写真に記録したのち、遺体を穴から引き出して梱包した。現場の沢筋の周囲は葉が落ちた樹林帯で、立ち木が邪魔をしてヘリでの収容作業ができず、雪の上を人力で引っ張って搬送した。遺体が家族に引き渡され、大沼湖畔の捜索本部が解散したときは午後四時半になっていた。

事故要因

黒檜山山頂からの小泉の行動については、目撃者も行動記録もなく、遭難現場の状況などから推測するしかない。

十一時ごろ山頂に着いた小泉は、一時間ほどのんびり過ごし、十二時前後に下山にとりかかった。その際に、最後の目撃情報にあるとおり、山頂の少し北側から派生している尾根をたどって下山しようとしたようだ。それが意図してのことだったのか、四日前と同じコースをとろうとして間違えたのかはわからない。山頂付近からは、大沼湖畔を走る北面道路のカーブの一部が見えるという。そのカーブを目指して下っていけば下山できると考えた可能性は充分にある。

「稜線付近から大沼方面を見ると、斜面は枯れ藪に覆われていて、どこを下りていっても同じように見えます。それでどこから下りていっても下りられると思ってしまったんではないでしょうか。ところが実際は、地図上には明瞭に表われない小さな尾根や沢が複雑に入り組んでいます。遺体が発見されて本部から現場へ向かうときも、北面道路のカーブのところから山に入っていったんですが、わずかに方向が違っただけで現場とは全然別のほうへ行ってしまうんです。微妙な差が大きな違いになってしまうんですね」

そう言うのは、小泉が所属していた高崎勤労者山岳会の副会長・根岸秀樹だ。そんな落とし穴があるとは知らず、小泉は雪の斜面を下りはじめた。いずれにせよ、車を停めた駐車場を目指すのだから、左斜め下方向にトラバースするように下っていったはずである。

最初のうちは、四日前と同じように、まだ踏まれていない雪面にトレースをつけていく醍醐味を感じる余裕があったかもしれない。だが、稜線から斜面に入り込むと、目標となる北面道路のカーブが見えなくなるので、徐々に「本当にこのルートで正しいのか」という不安が広がっていったのではないだろうか。もし四日前と同じルートをたどっているつもりであったなら、途中で間違っていることに気づき、なおさら不安が募ったに違いない。

悪いことに、この日の午後一時~二時ごろにかけて、黒檜山山頂付近は雪雲で覆われ、一時的に吹雪となっている。それまでよかった天候が急変したことで、小泉

黒檜山の山頂からは北面道路のカーブが見下ろせる

の気持ちのなかに焦りが生じたであろうことは想像に難くない。

のちにまとめられた事故報告書には、次のような記述がある。

〈捜索救助活動をした隊員から「登り返しは女性では無理だろう」という言葉が聞かれた。沢筋の吹き溜まりでは、想像以上の積雪量があり、腰まで埋まる。

尾根から谷床に下り、また這い上がるこの一連の行動は、困難を極める。

多人数の山行では、ラッセル作業は交代できるが、単独山行ではすべて個（ひとり）の負担になり、まして女性の身では為すすべも無い〉

その後、小泉のトレース痕は、登下降を繰り返したり沢を横断したりと、上下左右に入り乱れる。一時的に悪化した天候のもと、正しいルートに戻ろうと悪戦苦闘したのだろう。しかしそれもかなわず、疲れと寒さで体力を消耗し、また日没までの時間も迫り、動揺は広がるばかり……。そしてとうとう事故現場となった滝に行き当たってしまう。

現場付近は、両側から谷が迫っていて、左右どちらの尾根にも上がることが不可能な場所だった。下へ行くには、滝を下りるしかなかった。この滝さえ越せば、あとはほぼ平坦な沢筋を下っていくだけとなり、三十分ほどで北面道路のカーブのところへ出ることができた。おそらく小泉も、残りあとわずかであることを感じ取っていたはずだ。小泉がたどってきたルートには、それまでにも危険箇所がいくつかあったという。そこをなんとか下りてきたことから、今度もどうにかなるだろうと考えたのかもしれない。

滝の上からは、当然、滝の全容は把握できない。一五メートルの高さがあるということもわからなかっただろう。だから、まずはどんな様子なのかを偵察しようとしたのではないだろうか。そして滝の落ち口まで近づいていって下を覗き込もうとしたときに、足を滑らせてしまった。遭難者は、ワカンとアイゼンを一緒に装着していたという。

「そのワカンが邪魔になり、アイゼンが雪面をとらえられずにスリップして転落した可能性が高いと思います」(根岸)

滑落後の小泉の行動については、前述したとおりである。

残念に思うのは、携帯電話を車内に置いてきてしまったことだ。現場付近ではアンテナマークが一本しか立たず、携帯はぎりぎり通じるか通じないかで、通じてもすぐに切れてしまったという。だが、携帯を持っていて、たとえ切れても何度もかけ直していれば、少なくとも遭難したことは相手に伝えられ、その日のうちに救助隊が組織されていたはずである。救助が間に合ったかどうかはわからないが、助かった可能性は充分にあっただろう。

そういう意味でいえば、事故当日の夜に小泉への携帯がつながらなかったのを不審に思わなかったことも悔いとして残ろう。結果的にそれが初動の遅れにつながったからだ。

〈緊急連絡先になったからには（注・連絡を受けた会のメンバーを指す）無事で下山していて空振りになってもよいから、しつこく行動をおこすべきであった。残されたものの最低限の責務である〉

と事故報告書には書かれている。また、根岸もこう言う。

「登山計画と下山報告の提出が徹底されていませんでした。そのつまずきです。いつの時点で下山報告が入らなかったら招集をかけるか、それができなかったのが悔やまれるところです」

もっとも、前に述べたように、小泉がひとりで山に行ったときに、誰にも知らせずひょっこり計画を変更してしまったことが過去に何度もあったというから、周囲

1 月 31 日、ストレッチャーで遺体を搬送する捜索隊

の者が今回も「またか」と思ってしまったのは仕方がない面もある。山に行くときには必ず家族や山仲間らに登山計画書を提出し、もし計画の変更があった場合にはすぐにそれを伝えておくのは、混乱を招かないために必要不可欠なことであろう。

もうひとつ、この事故からは装備についての教訓を得ることもできる。小泉は雪山登山に必要なピッケル、アイゼン、ワカン、オーバー手袋などはしっかり持っていっている。しかし、リスクマネジメントのための装備は、ほとんど皆無だったと言っていい。携帯電話にしてもそうだし、地図とコンパス、ツエルトや防寒具やヘッドランプ、コンロや非常食にしてもしかり。

まず、一般ルートではないところを下るのであれば、なにはなくとも地図とコンパスは携行していなければなるまい。この事故の場合、朝になって急に行き先を変更したので黒檜山の地図は持っていなかったかもしれないが、だったら無理せず一般ルートを往復するべきだった。四日前に同じコースを登っているのだから、一般ルートをたどるだけだったらなにも問題は起きなかっただろう。山頂に立って四日前の記憶が蘇り、ちょっとした冒険心をくすぐられたとしても、「今回は地図とコンパスを持っていないから」と、登ってきたルートを戻る判断を下してほしかった。

また、万一ビバークせざるを得なくなったときの装備がなかったことも、生死の分かれ目となってしまった。滝から転落し、寒さをしのげる穴の中にどうにか潜り込んだときに、ツエルトや防寒具やコンロなどで暖をとることができたのなら、あるいは一〜二日は持ちこたえられたのではないだろうか。

小泉が高崎勤労者山岳会に入会したのは約三年前であるが、山登りは若いころからやっていたという。入会してからの山行は月に一〜三回程度。西上州方面の日帰り山行が多かったようだが、無雪期の北アルプス、積雪期の黒斑《くろふ》山、蓼科《たてしな》山、上越国境の三国山などにも登っている。

こうした山行歴を見るかぎり、装備に関するそれなりの知識はあったはずである。なのになぜ装備に手落ちが生じてしまったのか。その根底には、登山の経験がそこそこある人に見られがちな慢心や油断があったように思われてならない。

この事故からしばらく経った三月四日、日帰りで兵庫県の氷ノ山《ひょうせん》に出かけた五十四歳の女性が下山途中で滑落、滝壺に落ちて溺死するという事故が起こった。どちらの事故も、亡くなったのが日本勤労者山岳連盟の会員だったことから、同連盟は機関誌『登山時報』二〇〇七年六月号に緊急レポートを掲載し、ふたつの事故についての検証を行なっている。そのレポートによれば、「二つの事故には多くの共通点があった」として、以下のような指摘がなされている。

〈統計上、最も遭難事故の発生が多いとされる50歳代女性だったこと、道迷いから滑落に繋がったこと、単独行だったこと、そして、死亡に至るまでに時間があり、ビバーク中に寒さによる低体温症（疲労凍死）による死亡事故と推測されることなどである〉

このなかで注目したいのは、「道迷いから滑落に繋がったこと」という点である。遭難事故要因のうち、昔から常に上位を占めているのは「転滑落」であるが、実は「道迷い」が発端となって転滑落事故を招くというケースはかなり多いと見られている。つまり、道に迷ってしまって冷静さを失い、無理矢理沢を下りようとして転滑落してしまうというようなケースだ。

こうした事故は、統計上「転滑落」として計上されるが、間接的な要因は「道迷い」である。ところが、近年はこの「道迷い」による事故の発生件数が転滑落事故を上回るようになってきているのだ。とすれば、転滑落事故のリスクも当然高まっているわけで、登山者にはより慎重な行動が求められてこよう。

前出の『登山時報』のレポートは、〈たとえ遭難事故に遭遇しても死なないで「生き延びる知識と技術を身につけて」ほしいと心から感じるのである〉という一文で結ばれている。が、せっかく知識と技術を身につけても、それが実践されなければ意味がない。

生き延びるための知識と技術を持っていながら、はなから山をなめてしまっていたのでは、それを役立たせることは絶対にできないはずである。

北アルプス・西穂独標　二〇〇七年三月

ステップアップ

登山の技術や知識は、低山から中級山岳を経て三〇〇〇メートルの山へ、あるいは無雪期から積雪期へと、徐々にステップアップしながら習得していくのがセオリーとされている。

もっとも、それが当然だったのはもうずいぶん昔の話。大学山岳部や社会人山岳会が衰退していくなかで、中高年層を中心にした未組織登山者が増えるにつれ、登山入門者への体系的な技術指導ができなくなっていったのは周知のとおり。長期的なスパンでレベルアップを図るプログラムを組んでいる登山教室もあるようだが、それはごく一部にしかすぎない。いまや、山登りを始めて間もない人が、ツアーに参加したり同じレベルの仲間と誘い合ったりして、いきなり北アルプスや冬山に行ってしまうというようなことも珍しくなくなっている。

〝ステップアップの原則〟は、もはや有名無実化していると言っても過言ではないだろう。

しかし、西岡茂人（仮名・三十五歳）の場合は違った。彼が山登りを始めたのは今から十年ほど前、社会人になってからのこと。就職した先は年中無休の小売業で、勤務形態が不規則だったため、人とはなかなか休みが合わせにくく、休みの日にはひとりで過ごすのが常だった。そこでひとりでできることにいろいろ手を出しているうちに、最終的に落ち着いたのが山登りだった。

幸いなことに、西岡の住まいの近くには中山連山という格好のハイキングフィールドがあった。中山連山は宝塚の市街地の北に位置する小さな山塊で、最高峰の中山は標高四七八メートル。山というよりも丘陵といったほうがふさわしく、四季を通じて地元のハイカーらに親しまれており、西岡も小さいころから幾度となく登っていた。

この中山連山にひとりで通うことから西岡の山登りは始まった。中山連山を卒業すると、阪急電鉄が刊行していた沿線の山のガイドブックを手に入れて、「これだったら行けるかな」というコース、主に六甲山に目を向け、休日のたびに足を運んだ。まずは「初心者向け」のコースから始まり、次に「中級者向け」のコースへ。そして最後は「熟達者向け」のコースへと、きっちりと段階を踏みながら片っ端から踏破していった。

続いて通いはじめたのが京都周辺の山。このあたりでしっかりと山歩きの基礎を学び、不安がなくなった時点でフィールドを広げ、金剛・葛城山、比良山地、大峰山脈など関西一円の山へ出かけていくようになった。季節も無雪期のみならず、雪山にも積極的に登っていった。といっても、あまり積雪量の多くない、軽アイゼンで登れるような、せいぜい積雪一〇～二〇センチの山に限定しての山行ではあったが。

山登りの技術や知識は誰に習ったわけでもなく、本や雑誌を読んだり登山用具店のスタッフに話を聞いたりして覚えていった。気象や地形図などに関する知識も、独学で勉強した。

山行は月三、四回。ほぼ毎週一回のペースで山に登っていた。そのすべてが低山への日帰り単独行である。低山歩きにこれほど長い時間をかけたのは、「ただ不安だったから」だと西岡は言う。実際に彼の山行は〝石橋を叩いても渡らない〟ぐら

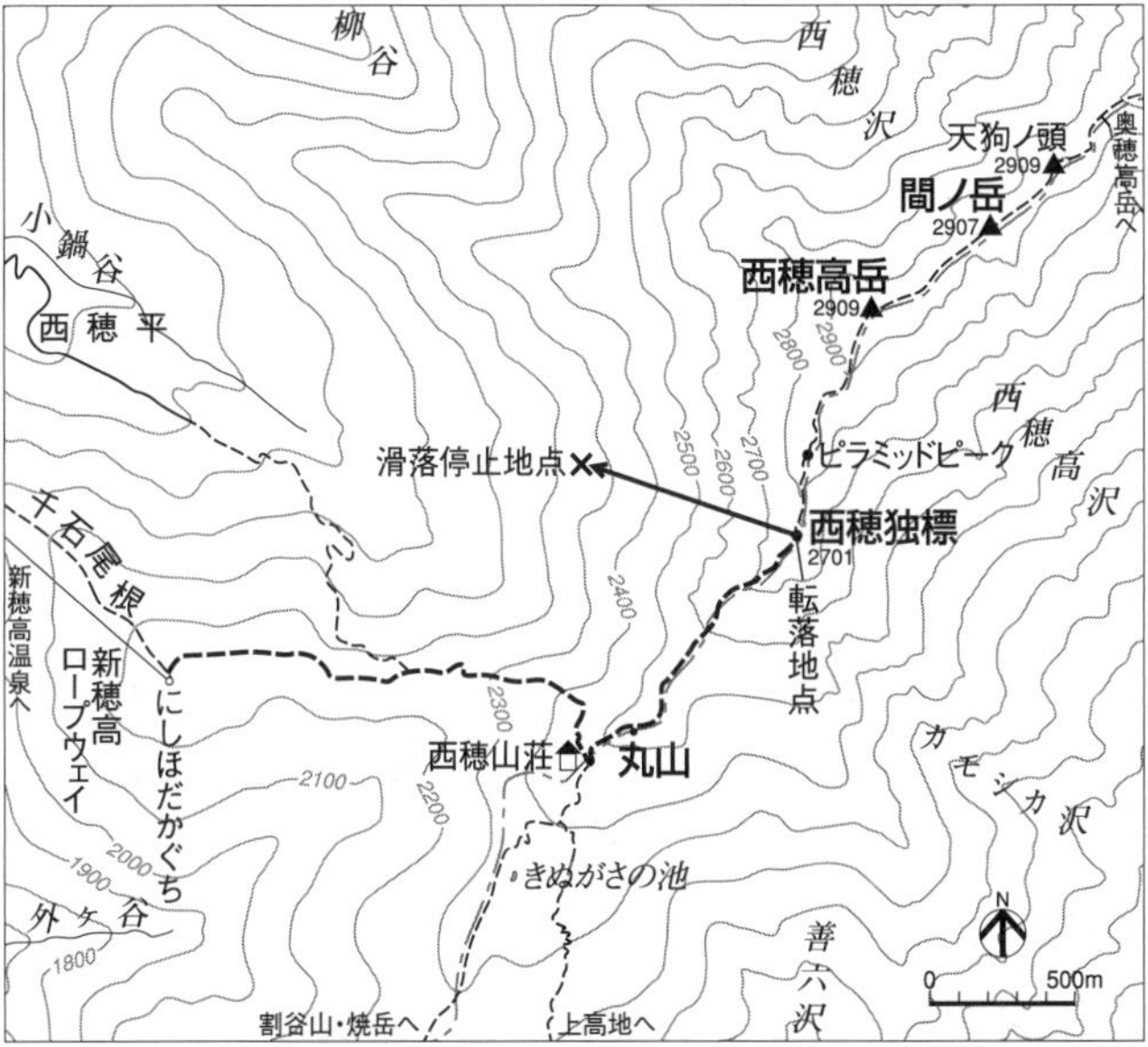
柳谷
西穂沢
天狗ノ頭
2909
奥穂高岳へ
間ノ岳
2907
西穂高岳
2909
2900
2800
小鍋谷
西穂平
西穂高沢
ピラミッドピーク
滑落停止地点
2500
2600
2700
西穂独標
2701
千石尾根
転落地点
2400
新穂高温泉へ
新穂高ロープウェイ
にしほだかぐち
2300
西穂山荘
丸山
カモシカ沢
2100
2200
2000
1900
きぬがさの池
外ヶ谷
1800
善六沢
0
500m
N
割谷山・焼岳へ
上高地へ

いに慎重を極めた。たとえばガレ場や鎖場などに出くわし、少しでも「危なそうだな」と感じたときには、決して無理をせずに引き返していた。それを我が身に置き換えてみたとき、引き返せる人がどれだけいるか。ほとんどの人は、多少不安を感じても強行突破してしまうのではないだろうか。

こうして五年ほどの歳月が流れたときには、低山なら体力的にも技術的にもまったく問題なく登れ、積雪期もスノーハイク程度ならOK、というレベルになっていた。すると、やはり抑え難くなってくるのが日本アルプスへの憧れである。

初めてのアルプスは、畳平からの乗鞍岳だった。続いて室堂に一泊して立山三山を縦走し、次の機会には大雪渓から白馬岳を往復した。泊まりがけで山に行くようになったのも、アルプスに足を向けはじめてからのことだ。

北アルプスの入門コースに登りはじめたちょうどこのころ、関西を中心に活動を行なっているアウトドアサークルを見つけ、西岡はそこに入会した。今どき珍しく二十～三十歳の若者が中心となっている会で、会員は二〇〇人あまりと、かなりの大所帯である。活動内容は、近郊の低山ハイキング、夏山縦走、雪山登山のほか、スキー、マウンテンバイク、ラフティングなどと多様で、登山のレベルも人によってさまざま。ここで山登りを本格的にやっている人たちと初めて出会ったことで、西岡の山登りも幅を広げていくことになる。

「それまではひとりで登っていましたが、仲間と一緒に行けばやっぱり楽しいですよね。それに、しっかりした技術を持っている会の人からいろいろ教われますし」

低山からアルプスに目を転じたとき、西岡にはどうしても行ってみたい山があった。北穂高岳の大キレットと剱岳である。その夢をかなえるために、数年を費やした。北アルプスのほかの山や中央アルプス、八ヶ岳などへの山行を重ね、「もう大丈夫だろう」と思えるようになったときに初めて実行に移したのである。

北アルプスに通うようになっても、西岡は〝ステップアップの原則〟を忠実に守り続けた。その結果、夏の北アルプスの一般ルートだったら、最難とされる西穂高岳から奥穂高岳の縦走路は別にして、技術的にも体力的にも問題なく歩けるようになったと自覚する。

もともと体力には自信があるほうで、たいていの山は標準コースタイムよりも早いペースで歩いていた。アルプスの山に登るときでも、一般的な行程よりも短い日数で行ってくることが多かった。たとえば折立から太郎平小屋、薬師沢小屋を経て雲ノ平・高天《たかま》ヶ原を往復するコースは、通常は三泊四日の行程であるが、西岡は一日目に高天ヶ原まで入ってしまい、一泊二日で往復してきている。

そうした強行軍の背景には、休みがなかなかとれないという現実があった。サークルに所属して仲間ができたといっても、仕事の休みが不規則なことに変わりはなかった。日帰り山行がほとんどなのはそのためで、休みがとれたとしても、せいぜい二日間。だから夜行発一泊二日の山行が精一杯で、いまだ山で二泊以上はしたことがない。

そんな状況なので、たまたま土日が休みになったときにはサークルの山行にも参加していたが、休みが仲間と合わないときには依然として平日にひとりで登っていた。

それはさておき、サークルに入っていちばん変わったことは、無雪期の行動範囲が広がっていったこともさることながら、雪山技術が一気にレベルアップしたことだった。

関西近郊の雪山入門の山として手ごろな比良山地は、標高こそ一〇〇〇メートル前後と決して高くはないが、北部は日本海側の気候となり、厳冬期にはときに重い雪が二メートルも積もることがある。入会以来、冬の訪れとともにここへ通うようになり、ピッケルワークやアイゼンワークなどの雪上技術を仲間から習い、また積雪一メートルのラッセルも経験した。天気予報をよくチェックし、天気が崩れないと確信を得たときにはひとりで登りにいくこともあった。

「自分は寒さに強いほうだからでしょうか、夏山よりも冬山のほうが快適に感じるんです。冬山はきれいですしね」

そう西岡は言う。

サークルに入会して約五年が経過した二〇〇七年三月、西岡は初めて冬の北アルプスの山行を計画する。コースは、一泊二日での新穂高温泉からの西穂独標往復。これが、比良山地からアルプスへとステップアップするための第一歩になるはずだった。

冬の西穂独標

雪山では些細なミスが遭難につながるということは、それまで読んできたいろいろな本や雑誌を通してよく理解しているつもりだった。今回の山行はサークルの活動とは関係ない個人山行であり、しかも単独行である。だから念には念を入れて計画を立てた。

西穂独標を選んだのは、「ロープウェイを利用して体力的に楽に行けること」「西穂高岳には夏に何度か登っていて、独標までは問題ないだろうと考えたこと」「西穂山荘が営業しているので、万一のときは頼りにできること」などの理由による。

このシーズンは異常気象で例年にない暖冬となっていたため、もし気温が高い傾向が続くようだったら計画を中止にしようと思っていた。が、山行日の数日前から厳しい寒波が日本列島を覆っていたので、雪崩のリスクは低くなるだろうと考えた。

「自分なりには慎重にしていたつもりです。ちょっとでも条件が悪かったら、たぶん行ってなかったと思います」

三月十九日の朝、西岡は車で自宅を出発し、名神高速、東海北陸自動車道を経て新穂高温泉へと向かった。気温零度前後という冷え込みのなか、寒さに体を慣らすためにドライブ中は車を外気導入状態にし、カーエアコンもフル回転させていた。

飛騨清見インターチェンジで東海北陸自動車道を降り、新穂高温泉に着いたのが午後一時ごろ。装備を整え、登山届を提出してロープウェイの新穂高温泉駅に行っ

標高 2156 メートルの西穂高口駅。西穂高岳はロープウェイを利用できるため、冬の北アルプス入門コースとして人気が高い

てみると、駅舎には思いのほか大勢の観光客がいた。平日の、しかも真冬だというのに、わざわざ寒いところへ行こうとする観光客がこれほどたくさんいるというのは、ちょっとした驚きだった。

天気は快晴で、ゴンドラの中からは笠ヶ岳や西穂高岳をはじめとする白銀の山々が一望できた。山頂駅の西穂高口では、下山してきたばかりと思われる数名の登山者がくつろいでいた。その間をすり抜け、駅舎の出口でワカンを装着して外に出てみると、そこはもうマイナス九度の世界だったが、防寒具を着ていたためか意外と暖かく感じた。

トレースはよく踏み固められていて、夏道同然だった。風はまったくなく、天気も申し分ない。が、周囲の銀世界の景観を楽しみながら登っていくうちに、徐々に雪が深くなってきた。空には雲がかかりはじめ、気がつくといつしか粉雪が舞い、風も出てきていた。

西穂山荘までの距離を表示する看板に励まされながら先を急ぐも、ほどなくして状況は一変し、吹雪と化した。あれほど明瞭だったトレースも、いつの間にか消えていた。

千石尾根から西穂高岳(左)の険しい稜線を望む。中央の顕著な岩峰が西穂独標

「さっき下りてきたばかりの登山者が何人もいるのに、もうトレースが消えちゃったのか」

初めて直面する冬の北アルプスの厳しさに、改めて気を引き締め直した。

幸い道に迷うようなことはなかったが、積雪は腰ぐらいまでになっていた。その雪をかき分けるようにして、午後三時前後、西穂山荘に到着した。西穂高口から山荘までの標準的なコースタイムは約一時間半。最悪、倍の三時間ぐらいかかるかもしれないなとも考えていたが、ほぼコースタイムどおりに歩くことができた。

とりあえず山荘の中に入って小屋番に到着した旨を伝えたものの、まだ時間は早く、体力的にも余裕があった。そこで「ちょっとそのへんを歩いてきます」と告げて外に飛び出し、山荘のそばの斜面でしばらく滑落停止訓練を繰り返した。その後はトレースのない雪面へ入り込んでラッセルの練習。そんなことを一時間ほどもやっているうちに、風雪が強くなってきた。風速は一〇メートルどころではなく、二〇メートル近いように思われた。このへんが切り上げどきと、最後に稜線をわずかに登って明日のルートを確認し、山荘に引き返した。

小屋の中は、外の寒さがウソのように暖かかった。この日の宿泊客は、西岡のほか、独標を往復してきたという単独行の男性と、明日、西穂高岳へ登頂するという三人パーティの計五人。単独行の男性に独標までの登山道の状況を尋ねてみると、「積雪はあまりなく、ルートはわかりやすい」とのこと。それを聞いて、いくぶん不安が和らいだ。

夕食後は、消灯時間までその男性と食堂でずっとおしゃべりをして過ごした。寝る部屋には暖房がなかったが、寒さを感じることもなく、朝までぐっすり眠ることができた。

二十日の朝は五時ごろにはもう起き出していた。明け方はマイナス二十度近くにまで冷え込んだはずだが、前日に用意しておいた水は凍っていなかった。朝食までしばらく時間があったので、持参したコンロで行動用のお湯を沸かし、余った分でコーヒーを入れて飲んだ。

朝食をとったのち、準備を整え、アイゼンを装着して山荘を出発したのが六時半ごろ。出る間際には、山荘のスタッフに「独標から戻ってきたときにまた立ち寄ります。たぶん十時か十一時ぐらいになると思います」とひと声かけた。

出発したときには、ちょうど霞沢岳のほうから陽が昇りはじめていた。天気は良好。ひと晩でかなりの雪が積もり、昨日は見られなかった樹氷が朝日のもとで輝いていた。

前日にルートをチェックしていたため、不安はなかった。積雪は少なく、凍結したトレースにアイゼンがよくきいた。焼岳や霞沢岳などの展望や、美しい白銀の風景を楽しみながら、ゆっくりゆっくりと歩を進めていった。眼下には真っ白な大正池と上高地を望むことができた。

途中で何度か短い休憩をとった。アイゼンのバンドを締め直したり、行動食を食べたり、景色を眺めたり。独標が近づいてきても歩くペースは快調で、バテることもなく寒さも感じなかった。ふとうしろを振り返ってみると、昨晩山荘で一緒だった、西穂高岳を目指すという三人パーティの姿が見えていた。このペースだったら、独標のピークで休んでいるときに追いつかれるだろうなと思った。

四〇〇メートル滑落

やがて独標の取付に着いた。この最後の難関を登り切れば、独標のピークである。

西穂独標への登りから振り返る。背景は焼岳

登り出す前に、どこを登っていけば安全か、慎重にルートを観察した。目の前にそびえ立つ巨大な岩の塊には、雪が張りついて凍っているところと、岩がむき出しになっているところがあった。ピッケルで体を支えながら、あたりをうろうろと歩き回り、ようやくルートを確定した。どうにか雪のないところをたどっていけそうに見えた。

だが、岩に取り付いて間もなく、どうしても雪のある箇所を避けては通れない場面に出くわした。そこを突破するため、右手に持っていたピッケルを頭上で振りかざし、ピックを打ち込んで体を支えようとした。ところが打ち込んだはずのピックが雪に刺さらず、その瞬間、踏ん張っていた両足がズルッと滑った。

「あっ!」と思ったときには体がふわっと宙に浮き、飛驒側の斜面へ背中から後ろ向きに落ちていた。墜落した距離は五メートル前後だと思われる。が、雪が積もっている斜面に背中が着いた次の瞬間には、体が一気に雪の斜面の上を滑り出していた。

滑落しながら運よく一命をとりとめた人の回顧録には、「最初はゆっくり滑り出し、止められるだろうと思っているうちにだんだん加速していって止められなくな

西穂独標（右寄りの黒い岩峰）から左のピラミッドピークへ続く主稜線

った」というような描写がよく出てくるが、西岡の場合は最初からトップスピードで滑り出していた。

頭では「早く滑落停止の姿勢に入らなければ」と理解していたが、その体勢にも入れないほどの猛スピードだった。しかも、頭を下にして仰向けになった体勢なので、よけいに体の自由がききにくい。とにかく岩や木などの障害物にぶつかったら一巻の終わりだと思ったので、ずっと目は開けたままで肩越しに下のほうを見ていた。

滑落しながらも、障害物はうっすらと認識できた。「なにか黒っぽいものが近づいてきた」と思ったときに、それにぶつからないように体をよじって軌道を変えるのが精一杯だった。

「たとえるなら、スキー場の上級コースを体で滑り下りていっているようなものです」

と、西岡は言った。のちに所属しているサークルに提出した事故報告書にはこう書いている。

〈滑る滑る、落ちる落ちる。次々と下の谷へ下の谷へと何段階も落ちていき、身体

をどうすることもできない〉

斜面の斜度が若干変わるところでは、何度か体が宙に投げ出された。右手に握っていたはずのピッケルは、いつの間にかどこかに飛んでいってしまった。それでもなんとか障害物にぶつからずに滑り落ちていき、かなり落ちたところで思い切って体を横方向にゴロゴロと回転させてみた。しかし、やや減速させるのがせいぜいで、そのうちに今度は滑りながら体がズブズブと雪のなかに潜りはじめてしまった。

「このときはさすがに『死んでしまう』と焦りました。実際、口の中に雪が入ってきたので、雪崩に巻き込まれたときと同じように窒息するんじゃないかと思ったんです。で、『これはやばい』と必死になってもがいていたら、また雪の上に浮上していきました」

その後、傾斜が若干緩くなってきたところで徐々にスピードが落ちていき、ようやく止まることができた。滑落していた時間がどれぐらいだったのか正確にはわからないが、数分間にも感じられた。のちの新聞報道によって、滑落した標高差は約四〇〇メートルにも及んだことを知った。

停止してしばらくは激しい動悸が止まらず、「ハーッ、ハーッ、ハーッ」と荒い息を繰り返していた。少し落ち着いてくると、周囲に広がる雪の急斜面が目に飛び込んできた。見上げると、はるか上に独標が見え、かなりの高度差を滑落したことがわかった。

右胸に激痛が走ったのは、立ち上がろうとしたときだ。思わず「イタタタタ……」と呻き声を上げていた。一歩上に登ろうとしてみても、体に力が入らない。これでは登り返すのは無理だと思い、再び雪の上に腰を下ろした。

このとき頭に浮かんだのは、「まずは救助要請を」ということだった。

八時五分、携帯電話を取り出し、一一〇番と事前に登録しておいた西穂山荘に電話をかけてみたが、通話状態になる前にプツッと切れてしまった。電波状態は、辛うじてアンテナマークが一本立つか立たないか。バッテリーの残量を気にしながら何度か交互に通信を試みたが、まったく通じなかった。

電話をかけるたびに、携帯電話にはねっとりと血がついた。自分では気がつかなかったが、滑落しているときに雪上の小さな石にでもぶつかったらしく、顔のどこからか出血していた。ただ、大したケガではなかったようで、出血はもう止まっていた。右胸は激しく痛んだが、出血などは見られなかった。ほかにケガしているところはなさそうだった。

そのうちに猛烈に寒くなってきて震えが止まらなくなったので、ザックの中に入れてあったセーターをジャケットと中間着の間に着込んだ。とにかく落ち着かなければと自分自身に言い聞かせ、非常食を口の中に押し込み、テルモスのお湯を飲んだ。

八時十三分、再度携帯での連絡を何度か試みるが、やはり通じない。バッテリーの残量も少なくなっていたので、いったん電源を切って冷静になるように心がけ、これからどうするかを考えた。

まずは自力脱出の可能性についてだが、右胸が激しく痛むうえ、滑落中にピッケルと左足のアイゼンを紛失してしまったため、登り返して正規のルートに戻ることは不可能と判断した。ただし、下っていくことならなんとかできそうだった。携行していた登山地図を広げてみると、新穂高ロープウェイの架線の北側に旧ボッカ道がつけられていることがわかった。大きな沢に入らないように気をつけながらゆっくり下っていってこの道に出れば、どうにか新穂高温泉まで下りていけそうだった。

とはいえ、新穂高温泉まではかなり距離があったし、標高差も大きかった。雪崩の危険も無視することはできない。そもそも、この先は行ったことのない未知のルートである。

そうしたリスクを考えると、やはり救助を要請することがベストのような気がした。しかし、もしずっと連絡がつかずに救助要請ができなかったらどうなるのか。その際に鍵となるのは、自分が遭難したことに誰が気づいてくれるかということだった。

いちばん早く気づいてくれそうなのは、後続していた三人パーティである。彼らは自分が独標を往復することを知っていた。その先の西穂高岳のピークを目指す彼らが自分と途中で出会わなければ絶対に「おかしい」と思うはずで、しかも独標への登りで滑落の跡を見たなら、自分が遭難したことを確信してくれるものと思われた。

次に可能性があるのは、「十時か十一時に戻ります」と告げてきた西穂山荘の従業員。昼過ぎになっても戻らなければ不審に思うだろうし、戻ってきた三人パーティから情報を聞けば、いくらなんでも「なにかあったに違いない」と気づいてくれるだろう（どこから事故の一報が入ったのかは不明だが、実際に西穂山荘の従業員は捜索に出動している。おそらく滑落地点のあたりまでは行っているものと思われる。のちに西岡のところには、捜索費用の請求書が山荘から送られてきたという）。

最悪、どちらにも気づかれなかったとしても、自宅には登山計画書を簡略化したものを置いてきていた。それには行動予定、宿泊地とその連絡先、緊急の場合の警察の電話番号などを記載しておいた。予定どおり帰宅しないことを心配した家族が警察に届け出るのは今日の夜か明日の朝になるだろうが、遅くとも二十四時間以内には家族から捜索願が出されるはずである。そうなれば、独標往復という行動予定が明らかなので、ピンポイントでの捜索が行なわれ、発見されるのも早いだろうと考えた。

ザックの中に入っている水と食料は、およそ二日分。コンロと燃料もあるので、温かい飲み物も確保できる。以下は、前出の事故報告書からの引用である。

〈とにかく現在は五体満足なんだから、生きて戻らねば！「静カナリ。限リナク静カナリ」（小説版『氷壁』のエンディング）ってこういう感じなんだろうなぁとも思ったが、こんなところで終わってたまるか、絶対に生きて、社会復帰してや

る！　と固く誓った〉

救助を要請

いろいろな事態を想定しながら、現時点で考えられる最良の選択肢は、やはり救助を要請することのように思えた。その唯一の手段となる携帯電話が通じないことにはどうしようもないのだが、まだ時間は早いし、動けないほどの大ケガを負っているわけでもなかった。

だったら救助を要請することに全力を尽くすべきであり、もうちょっと下りたら通じるようになるかもしれないと考え、とりあえず下っていくことに決めた。歩いて下ると体力を消耗するうえ、ピッケルなしでは転倒して再度滑落する恐れがあったので、座り込んだまま、尻セードでゆっくりと高度を下げていった。

数十メートルほど下りていくと谷が開けてきて、一気に視界が広がった。斜め下にはロープウェイの西穂高口駅と鉄塔も見えた。「もしかして！」と思い、下るのをひとまず中断した。携帯電話を取り出して電源を入れてみると、バッテリーがもうほとんど残っていなかったため、非常用の簡易充電器を差し込んで充電を開始した。立っているアンテナマークは一、二本。「ここなら通じるかもしれない」と期待を込めて一一〇番を押すと、案の定、つながった。時間は八時四十一分。滑落が止まってから約四十分が経過していた。

電波状態はあまりよくなく、話し出したらプツッと切れてしまったので、またすぐにかけ直した。それを何度か繰り返し、ようやく「遭難して救助を要請している」ということを理解してもらえた。

そうしているうちに寒さと胸の痛みで震えが止まらなくなり、しゃべるのも辛くなってきた。当然、警察官はいろいろ質問してきたが、しまいには「新穂高温泉のバスターミナルのポストに登山計画書を投函してあるので、それを見てもらえませんか」と答えるのが精一杯になっていた。

電話がつながった先は、岐阜県警の山岳救助隊。相手は「今から救助の準備に入るから、携帯を持ったまま、その場で待機しているように」と言っていったん電話を切った。

その後、岐阜県警からは二度、電話がかかってきた。一度目は九時八分。改めて滑落場所などを聞かれたので詳しく答えていたが、やはりだんだん質問に答えるのが苦痛になってきたため、緊急連絡先などについては登山計画書を見てもらうように告げた。

たいして動いてもいないのに、徐々に疲労が増してくるような感覚だった。食料を食べたりもしてみたが、なぜか力が出てこなかった。

二度目の電話は九時二十六分。「ヘリコプターの出動準備ができた」という。それを聞いて、ようやく「もう大丈夫だ」と思えるようになった。

だが、ヘリが到着するまでにかなり時間がかかるのでは、という一抹の不安はあった。もしかしたら時間切れとなって今日中に救助されないのではないかと考えると、本や雑誌で読んだ雪山での過去の遭難事例が頭に浮かんできた。

万一、山のなかでひと晩過ごすことになったとしたら、まずは雪崩の危険のない場所を探し、そこにツエルトを張ってビバークしなければならない。水も食料も充分にあり、一日ぐらいなら絶対に大丈夫だという自信はあったが、楽観はできなかった。とにかくその場にじっとして体力の消耗を防ぎながら、ヘリがやって来るのを待つしかなかった。

ヘリを待つ間、真っ先に考えたのは仕事のことだった。計画どおり今日中に帰れなかったら、職場に迷惑がかかってしまう。そのことがいちばん気がかりだった。

不思議と自分の命の心配をすることは一度もなかった。そこまで追い詰められるほど疲れてはいなかったし、大ケガも負っていなかったからだろう。

十時ごろになって、何度かヘリの音が聞こえてきた。が、機体は見えない。

〈別のだったか……と落胆。この天気だとどうかなぁ。ガスってはいないけど、晴れとはいいがたい。無事、近くまでヘリが来てくれるといいのだけど……。悪天候になるとヘリが飛べないのは分かっているので、そうなる前に来てほしい！ と強く祈るばかりである〉（事故報告書より）

十時半ごろ、再びヘリの音が聞こえてきて、それが次第に大きくなってきた。今度は機体もはっきりと見えた。そのうちに上空を旋回しはじめたので、間違いなく自分を助けにきてくれたヘリコプターだと確信し、着ていたジャケットを脱いで精一杯振り回した。

しばらくするとヘリはその場を離れ、徐々に音が遠のいていって機体も見えなくなった。ヘリはどこにでも降りられるわけではないということを知っていたので、落胆はしなかった。おそらく降下地点を探していて、そこで救助隊員を降ろすのだろうと考えた。あるいは、救助方法を検討するためにいったん引き返していったのかもしれなかった。

ところが、ヘリコプターが見えなくなったおよそ十分後、下のほうからガチャガチャという物音が聞こえてきた。人の声もしている。やがて、ふたりの救助隊員がラッセルをしながらこちらに向かってくるのが見えてきた。ほどなくして、カラビナやロープなどの登攀用具を身に着けた屈強そうなふたりの救助隊員が目の前に立った。

「大丈夫だったか？」

「はい、まあなんとか」

簡単な会話を交わしたあと、隊員は西岡の体に長く太いロープを結び付け、無線で「遭難者を無事確保。これから迎えにきてほしい」と連絡をした。

「立てるか？」

「はい、なんとか立てます」

「あの下のほうまで歩いていってもらう。できるな？」

「がんばります」

「尻セードしていってもいいからな。がんばれ！」

「はい」

三人はヘリのピックアップポイントに向かって雪の急斜面を下りはじめた。ザックはてっきりその場に置いていかれるものと思っていたが、隊員のひとりが担いで持っていってくれることになった。六〇リットルの重いザックをヒョイと担いだのを見て、西岡は思わず目を見張った。

前後からロープで確保されながら、歩いたり尻セードしたりを黙々と繰り返した。ときには隊員の肩を借りたりもした。だが、隊員の歩くスピードが思いのほか早く、うしろから確保しているはずの隊員がいつの間にか前に行っていて、前からふたりに引っ張られるような形になってしまったこともあった。とにかく休みなしでぐんぐん下っていくので、かなり辛く、「胸が痛い」などと言っているどころではなかった。

「いったいどこまで行くんだろう」と思いながら下っていると、しばらくして広くなだらかな雪原に出た。数百メートルは下ってきただろうか、そこでようやくストップし、「間もなくここにヘリが来るから」と告げられ、ヘリが来たときのアドバイスを受けた。

十一時十五分ごろ、ヘリコプターがピックアップポイントにやってきた。隊員から注意を受けてはいたものの、その轟音と強風はすさまじく、巻き上げられた雪であたりは猛吹雪のようになり、顔を覆っていないと息ができないほどだった。

気がつくと、頭上でホバリングしているヘリからボーリングのボールのようなものが下りてきていた。地上にいる隊員がそのボールに西岡の両腕を回し、ボールを抱きかかえるような体勢にさせられた。その体勢のまま、すぐに上昇が始まって宙吊り状態となった。ボールに抱きついているだけだから、腕を放すと落ちてしまう。必死にボールにしがみつき、「やばい、腕がだるくなってきた」と感じたころ、ようやくヘリの乗降口に達し、声がかかって機内に引きずり込まれた。

機内に収容されてようやく緊張が解けたのか、忘れていた胸の痛みが蘇ってきた。

「大丈夫か?」

「右胸が痛いです」

「今から高山の日赤に向かうからな。それまで辛抱しろよ」

ヘリの機内は、山岳漫画に描かれていたとおり暖房は入っておらず、かなり寒かった。痛みと寒さに耐えながら、「新穂高に停めてある車の回収をどうしようか」とぼんやり考えたり、隊員の気遣いの声に応えたりしているうちに、山麓のヘリポートに着いた。ここで横たわったままストレッチャーに移され、救急車にバトンタッチ。病院に向かう車内では、救急隊員からケガについての問診を受け、応急的な処置がなされた。その際に、けっこう値の張った冬用の登山ウエアをズタズタに切り裂かれてしまったのは、かなりショックだった。

救急車には警察官も同乗していて、遭難したときの状況などをいろいろ尋ねられ、胸の痛みに悲鳴を上げているヒマもなかった。

胸のケガは、痛みこそあるものの、それほど重傷だとは思っていなかった。強度の打撲だろうと、軽く考えていた。顔のケガも擦り傷程度で、あとは足などに多少のかすり傷を負った程度ですんだ。だから胸の治療が終わったらすぐに地元に帰るつもりでいた。さすがに今日中に帰るのは無理だろうが、明日には戻れるものと思っていた。

ところが、診断の結果は肋骨が一本折れているという。しかも、折れた肋骨が肝臓と肺を傷つけているとのことで、医師からは「当分の入院が必要」と告げられた。

実家の両親にはすでに警察から連絡が入っていて、その日のうちに高山まで飛んできた。口にこそ出さなかったが、「よく生きていたなあ」というのが正直な気持ちだったのだろう。岐阜県警の救助隊員や病院の医師からも、「あれだけ落ちて助かるなんて奇跡だ」「命が助かっただけでもラッキーだよ」と言われた。

入院直後は、救命救急センターと呼ばれる、一種の隔離病棟に入ることになった。初日は胸の痛みでまったく動けず、身の周りの世話ばかりか職場との電話でのやり取りまでをも看護師にしてもらっていたが、翌日には通常の食事ができるようになり、三日目には歩行訓練を開始。このころには胸の痛みも引いて、四日目に一般病棟に移ることができた。入院期間中は、治療らしい治療はほとんどなく、ひたすら安静にしていた。

結局、高山赤十字病院には二週間入院し、四月五日に退院した。肋骨損傷の痛みは若干残っていたものの、退院翌日から会社に出勤し、やっと社会復帰を果たすことができた。肋骨の痛みが完全にとれたのは、四月の終わりごろのことであった。

山登りは、ケガが完治したあとに再開した。夏には何度か北アルプスの山に登り、その後も月二回ぐらいのペースで低山を歩いている。

やっぱり山はいいなと思う。

ただ、冬山に関しては、もうあまりレベルアップを考えないことにした。これからは、低山のスノーハイク程度のレベルで楽しんでいければと、西岡は思っている。

重すぎたザック

冒頭で述べたように、西岡は長い時間をかけて自分の山登りのスキルを磨き、実際の山行の際には細心の注意を払って臨んできた。今回の山行についても充分に計画を練り、少しでも条件が悪かったら中止するつもりでいた。事前の天候チェックも怠りなく、装備も万全にそろえた。しかし、そこまで慎重に計画し、準備も抜かりなく整えながらも、事故は起こってしまった。

事故の直接的な原因は、独標直下の登りで、ピッケルを打ち込もうとしたときにバランスを崩してしまったことである。このことについて、西岡は「山のレベルがちょっと高かったかもしれない」と言う。

「選定を誤ったかなあという気がしています。冬の西穂高岳は、比良山地よりもずっとレベルが高かったので、同じ北アルプスでもあまり険しくないところ、蝶ヶ岳あたりから始めたほうがよかったのかもしれません」

雪と岩がミックスした独標のような岩稜帯を安全に通過するには、アイゼンワークやピッケルワークに習熟していることが要求される。主に比良山地で雪山技術を磨いてきた西岡は、冬季の険しい岩稜歩きにあまり慣れておらず、その点で経験が不足していたということはたしかに言えるかもしれない。

だが、そのこと以上に気にかかるのは、ザックである。西岡が独標に向かったときに背負っていたザックは、容量が六〇リットルで、重さは約一五キロもあったという。西穂山荘から独標を往復するのに、これはあまりにも重すぎるのではないだろうか。

「ザックが重すぎたため、その重さで体がうしろに引かれ、バランスを崩したのでは?」

そう指摘すると、西岡も「それはありえますね」と認めた。

「初めての冬の北アルプスへの単独行ということもあって、〝念のため、念のため〟と思って、いろんな非常用の装備を持っていました。余計なぐらい入れてました」

さまざまなリスクを想定し、それらに対処するためにいろいろな装備を持ちすぎ

西穂独標から厳冬の稜線を望む。手前からピラミッドピーク、西穂高岳、右奥に奥穂高岳

てしまうというのはよくある話で、その気持ちは理解できないこともない。西岡がまさにそのタイプの人間で、たとえ日帰りの低山ハイキングであっても、いざというときに自分の身を守るための道具、ツエルトやファーストエイドキットはもとより、食料と水とウエア（防寒具）はいつも多めに持っていたという。だが、万全を期すあまり装備が過剰になってしまうと、それが逆にリスクを招くことにもなりかねない。

リスクに備える装備をどこまで持つかというのは難しい問題で、その人の技術や体力などによっても異なってくる。このケースに関しては、西岡の人一倍慎重な性格が、逆に裏目に出てしまったような気がしてならない。

独標を往復するだけであるのなら、すべての装備を担いでいく必要はなかったのではないだろうか。余分なものは西穂山荘に置き、食料とテルモスと防寒具など必要最小限の身軽な装備で行っていれば、あくまで仮定の話だが、ザックの重さも苦にならず、バランスを崩して滑落することもなかったかもしれない。

もっとも、滑落したときに大きなザックがクッション代わりになり、障害物への激突を避けられたという見方もできる。四〇〇メートルも滑落しながら命を落とさずにすんだのは奇跡以外のなにものでもないが、重く大きなザックが転落の原因となり、またその直後には命を救うのに役立ったとしたなら、なんとも皮肉な話である。

さて、万一山で遭難してしまったときに、誰にでも手軽に使えていちばん頼りになる連絡用の手段といったら、やはり携帯電話である。近年は、救助を要請する際の連絡手段の大半が携帯電話になっているというが、このケースもまさにそうだった。

ただし、携帯電話は決して万能ではない。滑落が止まったのち、西岡が救助を要請しようとしたときに通じなかったように、携帯がどこででも通じると思ったら大間違いだ。むしろ山では、通じないエリアのほうが多いと思ったほうがいいだろう。

もし通じない場合は、電波の届くところまで移動しなければならないが、それは動ければばの話。重傷を負って行動不能に陥っていたり、危険な場所に迷い込んで進退窮まっていたりするときは、携帯を持っていてもどうすることもできず、第三者による届出がなされて捜索が始まるのをただ待つしかない。

また、バッテリー切れにも要注意だ。このケースのように、とくに冬山などの低温下では、低温の影響でバッテリーの能力が低下して使いものにならなくなってしまう。西岡も、入山前にはバッテリーをフル充電しておいたという。にもかかわらず、いざというときにバッテリーが切れそうになり、もう一歩のところで危うく連絡手段を失うところであった。

「簡易充電器があったからよかったようなものの、あれがなかったら自分からの救助要請はできなかったと思います」

携帯電話を持ったからといって、安心してはならない。それだけでは連絡用ツールとしては不充分であり、ヘッドランプの予備電池を持つように、非常用装備のなかには簡易充電器を必ず加えておくようにしたい。簡易充電器はコンビニエンスストアなどでも手に入るので、忘れた場合はアプローチの途中で買い足しておくといい。なお山で、より確実な通信手段を確保したいのであれば、携帯電話だけでなくアマチュア無線機を持つべきである。

最後になったが、この事故を振り返ってみて、「もうダメだ、と思ったことは一度もなかった」と西岡は言った。

「救助されるまで、『絶対に生きて社会復帰してやる。命が助かっただけじゃダメ、ちゃんと歩ける体になって帰ってやる。こんなところでは終わらない』という意志だけはずっと持ち続けていました」

遭難してしまったときに、気の持ちようが生死を分けることもあると、あるレスキュー関係者は言っていた。いちばん大事なのは「絶対に生きて帰るんだ」という強い意志を持ち続けることであり、諦めたらおしまいである。われわれは、それを忘れてはならない。

南アルプス・北岳　二〇〇七年六月

キタダケソウの花期

キタダケソウは、南アルプスの北岳のみに特産するキンポウゲ科の高山植物。毎年、梅雨のさなかの六月中～下旬ごろ、ハクサンイチゲに似た可憐な白い花をつける。天候の悪いこの時期にわざわざ北岳に登ろうとする登山者のなかには、このキタダケソウが目当ての人も少なくない。その美しさは、雨のなかを苦労して登るだけの価値があるという。

山岳風景や高山植物などを主な撮影テーマとして活躍するカメラマンの新井和也が、キタダケソウを撮影するために二年ぶりに北岳を訪れたのは二〇〇七年六月三十日のことである。この時期に入山したのは、例年に比べて上部の雪解けが遅く、キタダケソウの開花も遅れ気味との情報を得ていたためで、またちょうどこの日は南アルプスの開山祭に当たり、芦安～広河原間のバスの運行も始まっていた。

夜中のうちに神奈川県内の自宅を車で出発し、芦安には早朝着いた。マイカー規制が行なわれているため、ここでバスに乗り換え、広河原へ。バスの中は開山祭に参加する登山者たちで満杯状態、座席に座れずに立っている人もいて、まるで通勤電車のようであった。

開山祭のイベントが行なわれる広河原にもたくさんの人がいた。その人ごみを横目に、新井はさっさと出発準備を整え、九時に広河原を出発。空は気持ちよく晴れ上がり、快調にペースを上げて二時間ほどで白根御池小屋に到着した。久々に見る小屋は、二〇〇六年六月に新築オープンしており、立派な建物となっていて驚かされた。

この日の予定は北岳山荘泊まりだったが、大樺《おおかんば》沢を詰めずにわざわざ時間のかかる白根御池小屋経由にしたのは、小屋の近くに希少植物の群落があるためだ。しかし、五年ぶりに目にした群生地では、盗掘やシカの食害、環境の変化などで花の数が激減していて新井をがっかりさせた。

群落があまりにも貧相だったので撮影は諦め、気を取り直して上のキタダケソウの群生地を目指した。小屋からトラバース気味に三十分ほど行って大樺沢二俣に出、二俣からは大樺沢左俣を詰めていった。事前の山小屋への問合せやインターネットでの情報収集により、この年は残雪が多いことがわかっていたので、ピッケルと十二本爪アイゼンはしっかり用意していた。大樺沢の上部、八本歯のコルの手前で枝尾根に取り付く箇所には毎年雪が残っているのだが、この年は二俣から尾根の取付までずっと雪があり、アイゼンを装着しての登高となった。

ほかにもけっこうな数の登山者が大樺沢を登っていたが、見るかぎり、アイゼンをつけていても軽アイゼンで、ピッケルの代わりにストックを持っているという人がかなりいた。

「その年の残雪の状況や、その人の雪上技術などにもよりますが、この時期に北岳に登るのならピッケルとアイゼンはあったほうがいいと思います。登りはともかく、下りでは絶対にほしいですよね」

そう新井は言う。

白根御池小屋から先、稜線近くのお花畑まではほとんど撮影ポイントがなく、歩くペースを上げて数十人をごぼう抜きにした。八本歯のコルに上がり、ハシゴを越すと、主稜線に直登するコースと、左にトラバースしてキタダケソウの群生地に至

北沢峠へ
N
0
2km
地蔵岳
観音岳
薬師岳
小太郎山
2725
小太郎沢
広河原
広河原ロッジ
ゴウロ沢
アカヌケ沢
白井沢
広河原山荘
白根御池小屋
大樺沢
2000
2200
2400
2600
2800
草すべり
南アルプス林道
立石沢
タル沢
北岳肩ノ小屋
大樺沢二俣
北岳
3192
3000
八本歯のコル
ボーコン沢ノ頭
城峰
2372
八本歯ノ頭
北岳山荘
池山吊尾根
池山御池小屋
夜叉神峠へ
野呂川
ボーコン沢
池山沢
2063
池山
中白峰
3055
滑落現場
北沢
弘法小屋尾根
三峰岳
2999
間ノ岳
3189
荒川
鷲ノ住山
1534
野呂川発電所
農鳥岳へ
奈良田へ

るコースの分岐が現われる。この分岐を左に折れて五〇メートル行ったところに「この先雪多し　稜線へ」と書かれた看板が立っていた。看板が立っているところからトラバースルートを直進していったところに、キタダケソウの群生地がある。白根御池小屋からそこまで約二時間半だった。

群生地ではキタダケソウが満開だった。蕾もあれば、すでに盛りを過ぎた株もあった。新井はここでおよそ一時間ほどキタダケソウを撮影した。ほかにも十数人の登山者が花を撮影していた。そのなかには撮影に夢中になるあまり気づかぬうちに花を踏んづけている人もいて、「おいおい、植生を踏んでいるよ」とつい声をかけそうになった。

数人の登山者の会話が聞こえてきたのは、移動しながら撮影しているときだった。

「この先に雪渓があるようですが、アイゼンとピッケルの装備があれば行けるようですよ」

見上げると、多くの登山者が先ほどの分岐から稜線へダイレクトに登っているのが目に入った。看板に従い、八割方の登山者は群生地からトラバース道をいったん戻り、分岐から稜線への直登ルートをとっているようだった。

大樺沢左俣の雪渓を登る登山者。右上が八本歯のコル

6月30日、稜線コースとトラバースコースの分岐点につけられた「この先雪多し　稜線へ」の看板

新井はとりあえずトラバース道を先に進み、露岩地に足場が組まれている木道のところでも撮影を行なった。その間に数人の登山者がかたわらを通り過ぎていった。

さらにその先、トラバース道の最後のところでとうとう雪渓が現われた。傾斜は四十五〜五十度ぐらいで、かなりの急斜面に見えた。トレースはその雪渓を横切るようにしてついていた。

この雪渓を見たときに、新井は「ここは気を引き締めて通過しないとヤバいな」と直感したという。雪渓の手前では、三人ほどの登山者が雪渓を渡るための準備をしていた。新井もザックを下ろしてピッケルを手に持ち、再び十二本爪アイゼンを装着した。すでにキタダケソウの撮影は終え、この雪渓を渡り切ればあとは小屋に入るだけだった。

雪渓のトラバース

花見登山モードからシリアスモードにスイッチを切り替え、アイゼンの爪をきかせて雪渓を渡りはじめた。新井の前を行く二人組の男性はピッケルもアイゼンもなく、「落ちないように」と祈りながら恐る恐るトレースをたどっているという印象

6月30日の事故直前、トラバースルートの雪渓を横断する登山者

で、そうとう危なっかしそうに見えた。その二人組に新井が追いつき、あともう少しで雪渓を渡り切るというところで、すでに雪渓を渡り終えていた単独行らしき女性が「あっ！」と声を上げた。

条件反射的にうしろを振り返った新井の目に飛び込んできたのは、すぐ後方で雪の斜面を声もなく滑落していく男性の姿だった。

滑落者の手にはストックが握られていて、それを雪面に刺して滑落を止めようとしていたが、急斜面での滑落をストックで止めるのはどだい無理な話である。必死でストックを突き刺そうとしているのだが、体が回転しながら落ちていくような形になってしまい、どんどんスピードも増していった。落下の勢いがついた体は雪渓が途切れても止まらず、さらにその先のガラ場を転げ落ちていってようやく止まった。

事故発生時刻は午後四時二十三分。滑落距離は、雪渓上が約五〇メートル、ガラ場も約五〇メートルのおよそ計一〇〇メートル。視界から消えそうなほど長い距離の滑落を見て、新井は「これは厳しいかな」と思ったという。

新井の前にいた二人組の男性は、滑落を目の当たりにしてすっかり怖じ気づき、その場から一歩も動けなくなってしまったようだった。そこで新井はピッケルのシャフトを雪のなかに深く突き刺して支点とし、男性のザックのショルダーベルトをつかんで支えながら、残りわずかだった雪渓を渡らせた。二人組の男性は、ひとりは三十歳代、もうひとりは六十歳代ぐらいで、どちらもあまり山の経験はなさそうに見えた。

雪渓を渡り終えてすぐ、新井は滑落した男性に向かって大声で「大丈夫かぁー」と声をかけた。すると、二回目のコールのあとに「おーい」というかすかな返事らしきものが聞こえてきて、ガラ場の上に横たわっていた人影が動くのも確認できた。あれだけ激しくガラ場を転げ落ちながら、男性は一命をとりとめていたのだった。

先に雪渓を渡り終えていた単独行の女性は、遭難者の生存を確認し、ただちに連絡のために北岳山荘に向かった。二人組の男性は「小屋から救助の人が来るの待とう」と主張したが、新井は「生きているとはいえ、一刻を争う事態かもしれない。とりあえず状況の確認だけでも」と考えた。

新井たちがいる場所から遭難者までの距離は約一〇〇メートル。不安定で急なガラ場を下っていくことになるが、なんとか下りられないことはなさそうだった。ただ、二人組の男性はガレ場などをあまり歩き慣れていないようだったので、伝達係としてそこで待機してもらうことにし、新井ひとりが下りていくことになった。

中判カメラやレンズ、三脚などの不要な装備をその場に残し、ファーストエイドキットと行動食だけを持って落石に注意しながら雪渓脇の急なガレ場を下りていくと、下のガラ場の広範囲にわたって遭難者の装備（免許証、カメラ、携帯電話、六本爪の軽アイゼン、スタッフバック、車のキーなど）が散らばっていたので、それらを回収しながら下りていった。雪渓の上に落ちていたストックは、アイゼンを外した状態では危険なため回収を見送った。

そうして下っていくことおよそ二十分、滑落停止地点に近づくと、座り込んでいた男性が「おーい」と手を振りながらを声をかけてきたので、「大丈夫ですか。今、行きますから」と答えた。

現場到着は午後四時四十二分。顔面血まみれの遭難者（四十七歳）を間近で見て、新井は思わず「うわぁー、マジかよ」と心の中でつぶやいていた。致命傷があるようには見えなかったが、血に染まった顔面から頭部にかけていくつかの大きな傷があり、滑落のすさまじさがうかがい知れた。手足などほかの部位には目立った大きな外傷はなかった。

遭難者の衝撃的な様相を見て内心ではかなり動揺していたが、それを表情に出さないように努めながら、「大丈夫ですか。必ず助かりますからがんばりましょう」と励ました。まずはケガの応急手当をと思い、ファーストエイドキットを取り出して洗浄綿で顔面や頭部の泥と血を拭き取ろうとしたが、とても全部きれいに拭き取れるものではなく、とりあえずは唇の周りなどをぬぐっておいた。頭部の血を拭き取ったら再び出血してきてしまったので、それ以上は拭き取らずに三角巾を巻き付けて止血を行なった。

「遭難者を救助するというのは初めての経験でした。応急手当の方法は、たまたま所属している山岳会の救助講習を受けていたので、どうにかできました。ただ、二年ぐらい前のことだったので、はっきりと覚えていたわけではありません」

重傷は負っているものの、男性の意識ははっきりしていて、受け答えもしっかりしていた。上で待機しているふたりの男性が「ケガの状況はどうですかぁー」と聞いてきたので、「意識ははっきりとしていること」「頭に数カ所の外傷があること」「すぐに救助のヘリコプターを手配してほしいこと」を大声で伝えた。

「ただ、本人を目の前にして『頭が数カ所切れてます』などと言わなければならなかったので、答えにくかったですね」

下りてくるときに回収した装備はその場で遭難者に手渡したが、なぜかザックだけが見つからなかった。改めて本人にザックの色を確認すると「緑色のザック」ということだったが、あたりを見回した範囲には落ちていなかった。

気分を落ち着かせるために「食べるものもありますよ」と言ってチョコレートなどを差し出すと、「水はありますか?」と尋ねられた。ザックの中をさがしてみたが、慌てていてうっかり水筒を持ってくるのを忘れていた。

仕方ないので上まで登り返し、水を持って再び現場まで下りていった。上で水を受け取る際に、待機していた男性ふたりから、遭難者の氏名と連絡先を聞いてくるように頼まれた。

新井が持ってきた水を、遭難者は自分の手でボトルを支えながらごくごくと喉に流し込んだ。食欲はないようで、食べ物にはほとんど口をつけていなかった。ひと息つくと寒さを訴えはじめたため、本人の雨具を被せ、さらに新井が持ってきたレスキューシートで体をくるんだ。それでも寒さはおさまらないようで、座り込んだまま小刻みに体を震わせていた。頭部の傷と肋骨もだいぶ痛む様子だった。

少しでも安心させるために「大丈夫ですよ」と励ましながら、回収してきた免許証と携帯電話から氏名、住所、電話番号、奥さんの名前と電話番号をメモに書き写した。それを上の二人に伝えるために再び登り返そうとしたときに、伝令係の女性から連絡を受けた北岳山荘のスタッフ二名、支配人の猪俣健之介と、プライベートで登山に来ていた昭和大学医学部の学生が救援に駆けつけてきた。事故の発生からちょうど一時間が経っていた。

毎年、夏山シーズンの最盛期に当たる七月中旬から八月中旬にかけて、北岳山荘には昭和大学医学部による夏山診療所が開設される。このときはまだ開設前だったが、事前の下見だったのか医大生がたまたま小屋に居合わせたのは幸運だった。

医大生は遭難者の脈と体温を測り、頭と肋骨のほかに痛いところはないか、頭痛や吐き気がないかなどについて問診し、全般的なチェックを行なった。その時点でも遭難者の意識ははっきりしていて、質問にはちゃんと答えることができた。ただ、過去や現在のことは認識できるものの、ショックが大きかったせいか滑落時のことは覚えていないとのことだった。

事故直後からチェックを受けるまでの間、男性は石がごろごろ転がるガラ場の上にずっと座ったままだった。その体勢がキツくなってきたようなので、ひととおりの処置が終わったあと、すぐ近くのハイマツの横に体を移動させ、やや平らな地面の上に横たわらせた。

そのころには、一度は切れていたガスが再びあたりに忍び寄りつつあった。夜ももう間近だった。期待していたヘリコプターによる救助を行なうには、時間が押しすぎていた。いちばん近い北岳山荘に収容するにしても、遭難者は自力で歩くことができないため、背負って搬送しなければならない。しかもその足元は不安定で崩れやすいガラ場の急斜面であり、人力で搬送するには多くの危険が伴うことが予想された。このまま時間切れとなれば、現場で夜を明かし、明日以降、ヘリでピックアップしてもらうしかない。

猪俣はそのことを考慮し、北岳山荘に無線で連絡を入れ、テントや毛布や食料などビバークに必要な用具を一式、現場まで運んでくるように指示を出した。

山開きだったこの日、小屋は若干混雑気味で、しかもスタッフは四人だけ。おまけに夕食時のいちばん忙しい時間帯と重なってしまったため、一時は蜂の巣をつついたような状態に陥ったというが、どうにか人のやりくりがついたようだった。

事故現場のトラバースルートから遭難者を収容したテント(右下の雪田の上)を見る

その到着を待つ間、遭難者に雨具を完全に身につけさせ、さらに上からレスキューシートを被せて体をさすっていると、だいぶ容態が落ち着いてきたようで、こっくりこっくり居眠りをしはじめた。医大生は、無線を通じて緊急医の外科医と連絡を取り合い、滑落時の状況やケガの状態、現在の容態などを知らせアドバイスを受けていた。外科医は「吐き気や頭痛を訴えていないか」ということをいちばん気にしていたが、それがないことを伝えると、「ならば緊急に処置しなくても大丈夫だろう」と言って、みんなを安心させた。

そうしているうちに、ビバーク用具を背負った山荘のスタッフが現場に到着した。ガラ場をわずかに上がったところにほぼ平坦な一枚岩があったので、石をどかしたりして整地し、その上にテントを設営した。続けて男性をテントの中に収容し、毛布とレスキューシートでくるみ直して体を横たわらせた。その際に頭に巻いていた三角巾が緩んできていたので、医大生が緩んだ部分を切って再度止血処置を行ない、三角巾をもう一枚追加して巻いておいた。

ひとまずビバークの準備を整えたころにはすでに夜の帳が下りはじめていて、ガスで視界もほとんどきかなくなっていた。猪俣は何度か警察と無線で連絡を取り合っていたが、この時点で「今日中のヘリによる搬送は不可能」という決断が下された。警察は「北岳山荘に搬送できないか」と打診してきたが、「暗闇が迫っているうえ、現場は急斜面のガラ場で、担ぎ上げる人数も不足している」との理由から、最終的にそこでビバークをし、翌日のヘリによる救助を待つことになった。

ビバークに当たっては、誰かひとりが付き添うことも検討された。しかし、テントのスペースが狭かったこと、現場が不安定な地形ゆえ落石などが発生した際に被害が拡大する恐れがあったこと、また緊急医の外科医に連絡をとって相談したところ「まあ大丈夫だろう」というお墨付きをもらったことなどから、全員いったん北岳山荘に引き上げることにした。

ただし、万一なにかあったときのために、無線機はテントの中に残しておいた。男性は眠っていたが、それを起こして無線機の使い方を教え、「緊急の場合には無線で連絡をとるように」と念を押した。

四人が現場を離れたのは午後八時前後。ちょうど夏至のころだったので七時過ぎまでは明るかったが、もうすっかり真っ暗になっていた。ヘッドランプの明かりを頼りにガラ場の急斜面を慎重に登り返し、登山道に出たらそれをたどって午後八時四十五分に北岳山荘に着いた。伝達係をお願いしていたふたり組の男性は、ひと足早く小屋に入っていた。最初から最後まで遭難者に付き添っていた新井は、さすがにクタクタだったという。

遅い食事をとったあと、新井と猪俣らは明日の救助の方針を確認し合った。基本的にはヘリコプターでの収容を待つことになるが、もし状況が悪くてヘリが飛べない場合は、人力による北岳山荘への搬送を試みることも視野に入れられた。その場合には、追加のレスキュー隊員が必要であり、それをどう補充するかが課題であった。

本来なら一般の登山者である新井が救助活動に関わる筋合いはないのだが、猪俣とは以前からの知り合いだったことから、おのずと救助を手伝うような流れになっていた。

明日の救助方針の話が一段落したあとは、植物好きな猪俣と高山植物の保護などについて零時過ぎまで語り合った。酒の酔いも手伝い、初めて遭難救助に携わったことで昂っていた気持ちも徐々に落ち着きつつあった。

遭難者を収容したテントでヘリコプター救助を待つ

ピッケルとアイゼンの必要性

翌朝は、予報に反して山にはガスが立ち込めていた。猪俣は山荘のスタッフをひとり連れて五時に小屋を出、昨日の現場に向かっていった。しばらくすると、遭難者の無事を確認したことが無線で伝えられてきた。「天気は快方に向かう」という予報に期待し、ガスが晴れてヘリによる救助が行なわれるまで現場で待機するとのことだった。

猪俣が小屋を出る前に、新井は「僕もなにか手伝いましょうか」と声をかけた。

「もう現場までは来てもらわなくても大丈夫だけど、現場の上の雪渓を登山者が通っていかないように通行止めにしておいてくれ」

そう猪俣から言われたので、朝食後、準備を整えて六時半ごろ小屋を出発し、トラバース道の雪渓のところまで行って規制を始めた。

やがて、下山する登山者がぽつぽつとやってきた。雪渓を渡っていこうとする登山者が現われるたびに、新井はこう言って協力を要請した。

「今、下でケガ人を救助しているところなんです。滑落や落石の危険があるので、すみませんが稜線を迂回するコースのほうに行ってもらえませんか」

しかし、それを受け入れてくれる人はごくわずかで、ほとんどの人は「あ、そう。わかっているから」と言って、そのまま雪渓を渡っていった。その多くは、持っているのはストックだけでピッケルもアイゼンもないという登山者だった。

「まあ、仕方ないですよね。ロープを張って完全に通行止めにしていたわけではなかったし、強制力があるわけでもないですから。でも、たまたま事故が起きなかったからいいようなものの、もし滑落していたらどうするつもりだったんでしょうね」

立ちこめていたガスは九時ごろになってようやく切れはじめ、間もなくして「県警ヘリが救助に向かう」という連絡が入った。

ガスの切れ間を突いてヘリコプターがやって来たのは十時前のこと。現場にはまだテントが張られていたので、ヘリのスピーカーを通して「テントを撤収してください」というアナウンスがあり、朝からずっと付きっきりだった猪俣と山荘のスタッフが慌ててテントを撤収した。現場はすり鉢状になっていたためヘリはすんなりと進入できず、上空を何度か旋回したあとホバリング体勢に入り、隊員をひとり降下させた。下で隊員が準備を整えると、続いてヘリからウインチのようなものが下りてきて、レスキュー隊員と遭難者をふたりいっしょに吊り上げて機内に収容した。

時間にして約三十分、救助作業は無事終了した。

作業の終了とともに新井はトラバース道での規制を解除し、下山にとりかかった。事故現場となった雪渓を渡るのは気乗りがしなかったので、稜線を経由して再度キタダケソウの群生地まで行き、もう一度撮影をしてから大樺沢を下りていった。

帰路、南アルプス市の施設である南アルプス芦安山岳館に立ち寄って事故のことを報告すると、施設の職員は「あそこは通行止めにしていたのに」と言っていたという。

「でも、通行止めを示すロープも張っていなかったし、『この先雪多し　稜線へ』という看板だけでは、ちょっと注意喚起が足りないのでは。あれでは通行止めにしていたとはいえないと思います」

後日、新井のもとに、「あのときは九死に一生を得ました。どうもありがとうございました」と、助けてもらったことに対する遭難者からのお礼のメールが届いた。遭難者は頭蓋骨陥没骨折、頸椎亀裂骨折、左手腱損傷などの重傷を負っており、しばしの入院生活を強いられたが、その後順調に回復し、後遺症も残らず、このほど退院して自宅療養の日々を送っているとのことであった。

ヘリコプターによる遭難者収容

改めて事故を振り返ってみて、新井は「要因についてはいろんな見方があるだろうが、僕はきちんとした装備なしに雪渓を渡ろうとしたことだと思う」と言う。

遭難者がキタダケソウの咲く時期に北岳を訪れたのはこれが初めてではなく、過去の同じ時期に何度か登りにきているそうだ。だとしたら、残雪の状況によってはピッケルとアイゼンが必要になることはわかっていたはずで、新井が言うように装備不足だった感は否めない（ストックは持っていたが、ピッケルは持っていなかった。所持していた軽アイゼンを装着していたかどうかは不明）。たしかにこの年は例年に比べて残雪が多かったようだが、たとえ同じ時期であっても山の状況も毎年同じだとはかぎらない。例年以上に残雪が多いことは前もって山小屋などに問い合わせればわかることであり、その点で事前の情報収集も不充分だったと言えよう。

「この人だけではなく、ピッケルとアイゼンを持たずに登っていた人はたくさんいました。そういう人たちがいつ同じような事故に遭ってもおかしくはないと思います。雪渓の上についている踏み跡を運よく踏み外さなければ通過できるんですが、ツルッといったらあの傾斜ではもう止められませんからね。この時期に北岳に登るのであれば、十二本爪アイゼンとピッケルの携行を強くお勧めします。また、それら使いこなす技術も習得してほしいですね」

ピッケルにしろアイゼンにしろ、昔と比べればだいぶ軽量化が進んでいる。このとき新井が持っていったピッケルの重量は約三五〇グラム、十二本爪のアイゼンは約九三〇グラムで、両方合わせても一・三キロ程度である。十年ほど前だったら二キロを超えていたであろうことを考えれば、大した重量ではない。

もうひとつ新井が指摘するのは、頭のなかのスイッチの切り替えの問題だ。

「この時期はキタダケソウも満開なので、お花見登山だからと気分も緩みがちですが、その先の急斜面の雪渓ではがらっと変わって雪山登山になります。そこで気持ちの切り替えが必要となってきます。六月末ごろだと、どうしても〝夏山〟というイメージを持ってしまいますから。この時期の北岳ならではの落とし穴でしょうね」

〝気持ち〟ということで言うならば、今回の事故に関しては、あとから考えれば事故の伏線と思えなくもない因子もあったようだ。当事者にインタビューを断わられたため詳細は不明だが、この山行は直前に思い立って実現させたものだそうである。その点で心身ともに準備が不充分だったこと、またアプローチに利用するはずだった北沢峠～広河原間のバスが運悪く落石のため不通になっていて、二時間余り余計に歩かなければならなくなったことなどが微妙に影響していたとしても不思議ではないだろう。

最後になったが、いつかキタダケソウを見にいきたいと思っている人に、新井からのアドバイスを。

「北岳バットレスなど特殊な場所を除き、キタダケソウの時期の北岳は花見登山のなかでも最もハイグレードな山行のひとつです。実際に事故やトラブルの話もときどき聞きます。それでも高嶺に咲く可憐な花を見たい人には、ガイド登山をお勧めしたいと思います。山岳ガイドのなかには、キタダケソウのガイドプログラムを持っている人もいるようです。危険に対する予知と対策、お客さんに対する安全管理がしっかりなされるので、安心して花見登山が楽しめるはずです」

近年の事例　埼玉県警山岳救助隊からの報告

道迷いからの転滑落

埼玉県警山岳救助隊が管轄する埼玉県内の山は、中部山岳とは違って標高が森林限界に満たない山、つまり山頂部までが樹林帯となっている山がほとんどである。このため、転滑落遭難事故の形態も、標高三〇〇〇メートルの山々が連なるアルプスなどと比べるとかなり趣を異にする。そのいくつかの事例を、近年の記録のなかから検証してみよう。

前の「黒檜山」の項で、「道迷いが発端となって転滑落事故につながるケースはかなり多いものと見られている」と書いた。つまり第一原因が道迷いで、第二原因が転滑落というケースだ。とくに尾根も谷も原生林に覆われた奥秩父は、どちらかいえば地味で山深いがゆえに入山者もさほど多くなく、それがこの山域の魅力になっていると同時に、「道迷いから転滑落へ」というパターンの事故が多発する一因にもなっている。

たとえば二〇〇七年五月、甲武信《こぶし》ヶ岳ではこんな事故が起きている。ゴールデンウィークのさなかの五月三日、三十六歳の男性登山者が単独で川又から入山した。二泊三日の日程で雁坂峠から甲武信ヶ岳、十文字峠と縦走し、股ノ沢林道を川又に下山するという予定であった。

ところが登山道の状況があまりよくなかったようで、四日の午後になって、妻あてに「道が悪い。明日も小屋に宿泊する」と、下山予定日が一日延びることを伝えるメールを携帯電話で送っていた。そののちに連絡が途絶え、下山予定の六日になっても帰宅しなかったため、翌七日の夕方、家族が秩父警察署に捜索願を届け出たのであった。

ちなみにゴールデンウィークの二週間ほど前、低気圧の通過に伴って日本列島は全国的に気温の低い日が続き、関東の山間部では雪になったところも多かった。奥秩父一帯でもまとまった雪が降ったようで、ゴールデンウィークに入っても甲武信ヶ岳の山頂あたりにはまだ雪が残っていたという。

遭難者は家族のもとに登山計画書を残してきていたので、足取りはすぐにつかめ

十文字峠
十文字小屋
梓山へ
遭難者がたどったと思われる股ノ沢林道
赤沢谷
川又
三峰口へ
大山
2225
股沢
柳避難小屋
遺体発見現場
真沢
金山沢
三宝山
2483
このあたりで滑落したと思われる
天狗岩トンネル
甲武信ヶ岳
2475
甲武信小屋
木賊沢
豆焼橋
国師ヶ岳へ
雁坂小屋
西破風山
2318
雁坂嶺
2289
豆焼沢
滝川
2400
2200
2000
1800
黒岩尾根
黒岩
ふくろ久保
雁坂峠
水晶谷
事故現場
水晶山
2158
古札沢
鶏冠谷
久渡沢
2112
古札山
槙沢
将監峠へ
唐松尾山
2109
西沢渓谷
雁峠
笠取山
1953
N
0
1km
三富

た。コース上にある各山小屋に連絡をとったところ、三日は雁坂小屋に、四日は甲武信小屋に泊まっていることが判明した。だとしたら、甲武信小屋から川又の間で消息を絶ったことになる。

捜索は翌日の早朝から始まった。甲武信小屋から川又間の距離が長いので四班が編成され、ヘリコプターも出動しての大捜索となった。その結果、午前八時にはヘリによって遭難者を発見することができた。発見場所は入川と赤沢谷の出合付近、入川のなかの倒木の上に仰向けになっている状態で見つかった。沢の流れはかなり激しかったが、ザックがうまく倒木に引っ掛かっていたのだった。遭難者は残念ながらすでに亡くなっていて、流されて少なくとも丸一日は経っているものと思われた。

遺体収容後、警察で調べたところ、山中で遭難者に出会ったという人物が現われ、遭難に至る経緯がほぼ明らかになった。

その人物というのは入川を遡行して渓流釣りをしていた釣り人で、入川の上流の股ノ沢で釣りをしていたときに下から登山者が登ってきて、「川又に行くにはどっちへ行ったらいいんでしょうか」と聞かれたという。それが遭難者であった。とりあえず妻には下山が遅れるという連絡を入れたものの、予想以上に行程がはかどったのだろう、五日のうちに十文字峠を通り過ぎてそのあたりまで下りてきたところで道に迷ったようだ。

川又はまったく逆方向であり、しかも下っていかなければならないのに登ってきていたものだから、釣り人はずいぶん不審に思ったそうだが、川又の方向を教えると登山者は回れ右をして沢を下っていったという。

しばらくして釣りを終えた釣り人が下っていくと、股ノ沢と入川の出合に建つ柳避難小屋を過ぎたあたりで、谷側の斜面の下にストックが落ちているのを発見した。先ほど川又への道を教えた登山者が持っていたストックだった。

「あれ、さっきの人が持っていたストックだ。どうしたんだろう。落としちゃったのかな」

あまり深く考えないまま、釣り人は帰路についた。まさか遭難しているとは思いもしなかったのだろう。

十文字峠から川又への道は、上流部が「股ノ沢林道」、下流部が「入川林道」と呼ばれてはいるものの、「林道」とは名ばかりで人がひとり歩ける程度のふつうの登山道であり、沢の斜面をトラバースするように道がつけられている。遭難者は、十文字峠から下っていく途中、柳避難小屋のあたりで道に迷い、釣り人に教えられていったんは正規の登山道に出たものの、柳避難小屋を過ぎたところでうっかり滑落してしまったようだ。ストックはそのときに落としてしまったのか、あるいは落としたストックを回収しようと思って滑落してしまったのか。いずれにしても、滑落したことが致命傷になったわけではなく、滑落後もまだ行動できる状態だったと思われる。

ただし、そのまま沢を下っていこうとしたのが間違いだった。斜面を登り返せなかったのか、あえて登り返さずに下っていけると思ったのかはわからない。沢には巨岩がゴロゴロしていて、歩くのは容易ではなかっただろう。そこを下っていく途中で、滑落したか徒渉に失敗したかして沢に流されてしまったというのが警察の見方である。その事故がいつ起こったのかは不明のままだ。五日だったかもしれないし、沢でビバークをした翌六日、もしくは七日だったかもしれない。

遺体に目立った外傷はなかったものの、足と手にはたくさんの打撲の跡があり、どこかで滑落していることは間違いないという。直接的な原因は水死とされている

和名倉山の稜線から見た奥秩父の山並。左から唐松尾山、北奥千丈岳、甲武信ヶ岳

が、道迷いと滑落がセットになって引き起こされた事故であることだけはたしかだろう。

彷徨

この事故が起こる約一カ月前の四月初め、東京都との県境近く、酉谷山《とりだにやま》（天目山）の北側斜面の安谷川（川浦渓谷）源頭部で釣りをしていた釣り人が、頭蓋骨のみになった白骨遺体を発見、びっくりしてただちに警察に届け出た。救助隊員が遺体を回収しに現場へ駆けつけたところ、遺品のなかから一冊の手帳が出てきた。それにより、遺体は前年十月に行方不明になっていた七十歳代の男性登山者であることが判明した。

「今日は天気がいいから、秩父の山に行ってくるよ」

男性が妻にそう言い残して家を出たのは二〇〇六年十月初旬のある朝のことである。ところが、男性は夜になっても戻ってこなかった。翌日、妻から届け出を受けた山岳救助隊が早速捜索を開始したが、なにしろ手がかりは「秩父の山」というひと言だけで、どの山へ登ったのかが特定できない。同行者がいればそちらの家族から手がかりが得られたかもしれないが、単独行だったからどうしようもなかった。

そこでまず警察は、男性の自宅から秩父の山へ行くアプローチに目をつけた。自宅と秩父の位置関係を考えると、男性は熊谷から秩父鉄道に乗ったと仮定するのが妥当であった。また、日帰りの山行であること、七十歳代という高齢であることなどから、行くとしたら歩行時間の短いハイキング程度の山だろうと検討をつけた。

その結果、捜索の対象になったのが破風《はふ》山や簑《みの》山や宝登《ほと》山など。しかし見つからない。ならばと捜索範囲を広げ、秩父鉄道の各駅から行ける山をすべて捜索したのだが、それでも足取りがつかめない。とにかくどこを捜したらいいのかわからないのだから、捜しようがなかった。男性は忽然と姿を消してしまい、やがて捜索も打ち切られることになった。

山で行方不明になった場合、通常一、二週間で捜索は打ち切られるという。ただし、釣りが解禁になって釣り人が山奥の沢まで入るようになると、たまたま発見されることがある。男性の捜索が打ち切りになったとき、救助隊員は家族に「もしかしたら沢に入った釣り人が見つけてくれるかもしれませんよ」と告げていたが、まさしくそのとおりになった。

遺体といっしょに発見された手帳によって、ようやく男性の足取りが明らかになった。半年前に男性が登ったのは熊倉山であった。そこで遭難してから死んでいくまでの経緯が、手帳には克明に記されていた。

その日の朝、自宅を出た男性は秩父鉄道に乗って白久駅まで行き、谷津川林道コースから熊倉山に登った。帰りは日野コースをとって武州日野駅に下りるつもりだったようで、手帳には〈12時過ぎに山頂に着いた。これから日野コースをとって下山する〉と書かれていた。谷津川林道コースを登って日野コースを下りる標準コースタイムは約六時間半。コースタイムは若干長いが、どちらのコースも道は明瞭で道標も整備されており、誰でも問題なく歩けるコースだという。

ところが、山頂から下りはじめる時点で男性は方向を間違えてしまった。北東方向へ下りていくべきなのに、まったく逆の南東方向へ延びる稜線をたどっていってしまったのである。昭文社の「山と高原地図」を見ると、熊倉山山頂から南東の西谷山へ至る稜線上のコースは難路を示す細破線で表記されており、「一部不明瞭」という文字も見られる。埼玉県警山岳救助隊の飯田雅彦がこう言う。

「熊倉山の一般コースにはうるさいぐらいに道標がついています。しかし、山頂か

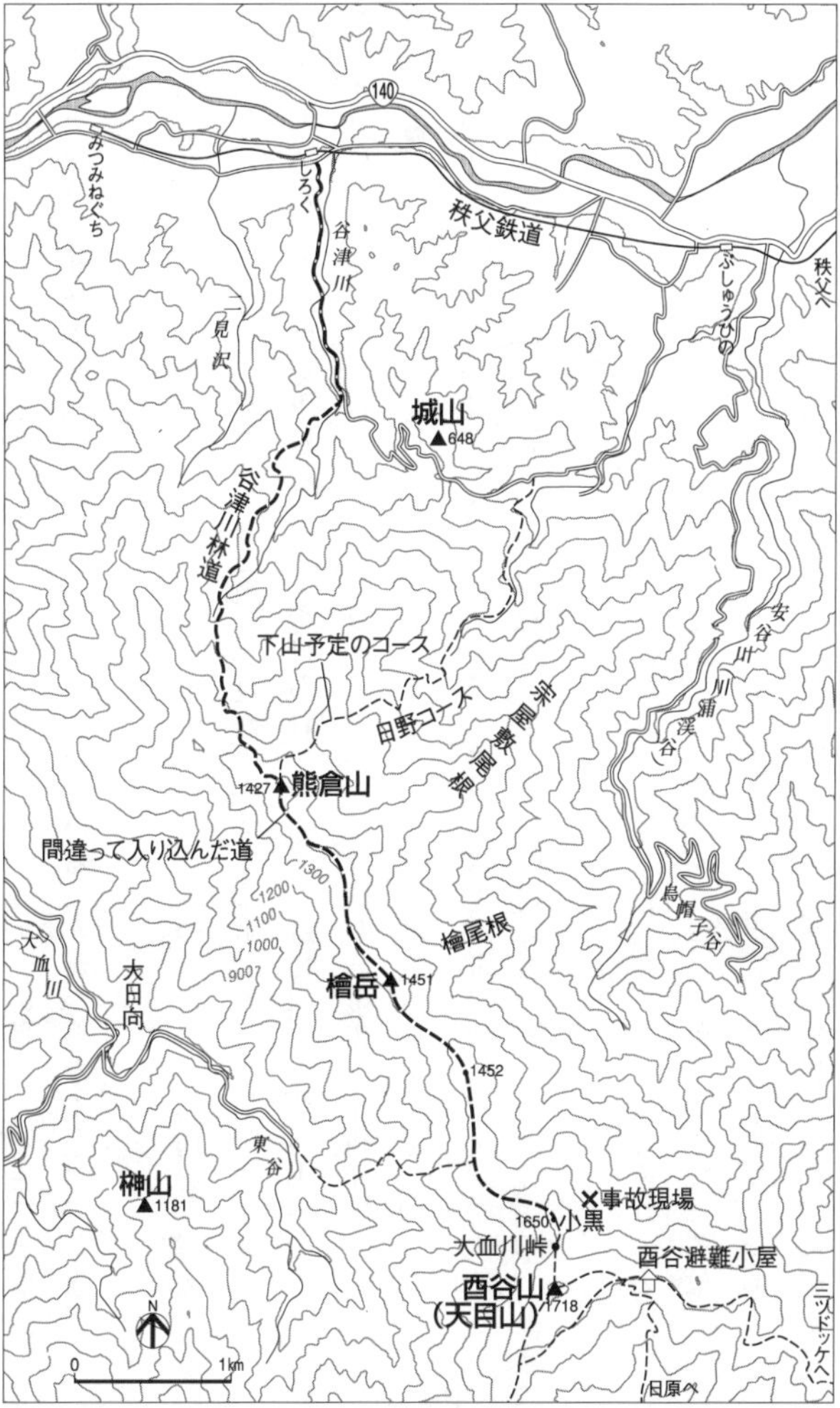
140
みつみねぐち
しろく
秩父鉄道
ふしゅうひの
秩父へ
谷津川
一見沢
城山
648
谷津川林道
下山予定のコース
田野コース
宗屋敷尾根
安谷川
浦渓谷
1427
熊倉山
間違って入り込んだ道
1300
1200
1100
1000
900
大血川
大日向
檜尾根
烏帽子谷
檜岳
1451
1452
東谷
榊山
1181
事故現場
1650
小黒
大血川峠
酉谷避難小屋
酉谷山
(天目山)
1718
三ツドッケへ
日原へ
N
0
1km

ら先の稜線となると話はまったく別です。われわれも訓練でこの稜線を歩くことがあるんですが、ササ藪が深くて自分がどこを歩いているのかわからなくなってしまうほどです」

もっとも、頂上から歩き出して十〜二十分もすれば、ふつうだったら道を間違えていることにすぐに気づくはずである。男性が下山するつもりだった日野コースは、山頂からぐんぐん高度を下げるようにつけられている。これに対して西谷山への稜線コースは、小ピークの登り下りを繰り返しながらほぼ同じ高度での歩行が続くことになる。それは地図を見れば一目瞭然であるし、たとえ地図がなくても登ってきたぶんを下りなければ下山できないのだから、たどっている道が下っていかなければ感覚的に「おかしい」と思うのが当然だ（遭難者が所持していたのは観光用のパンフレットだけだった）。

この男性も、しばらく行くうちにさすがに「この道で合っているのだろうか」と疑問に思ったようだ。手帳のこの日の記録には〈時間が経つにつれて夢中になるばかりです〉〈ササ道になり、夕暮れになり、夢中です〉と書かれているという。「おかしい」―「変だ」と疑問に思いながら引き返すことができず、目に見えない力に引っ張られるようにして先に進んでしまう——道迷いに陥った人の典型的な行動パターンである。

周囲のササ藪は、背の丈をはるかに越えていた。そのなかにかすかな踏み跡が続いていた。踏み跡をやみくもにたどっているとやがて分岐点が現われ、その傍らに「大血川に至る」と書かれた小さなプレートがあった。このプレートに従って右方向に下っていれば、稜線の西側を流れる大血川沿いの車道に飛び出し、命を失わずにすんでいたはずである。ところが男性はそのまま直進していってしまう。

〈しばらく行って日が暮れ始め、月が出たので、風の穏やかなところを求め、さらに進みました。（中略）その日の朝、白馬岳の悲報を聞いていたので、我が身とだぶり、生死の可能性を感じました〉

「白馬岳の悲報」とは、前日にガイド登山で白馬岳を目指していた七人パーティが吹雪に見舞われて遭難し、ふたりが死亡した事故のことを指している。家を出る前に見たニュースを思い出し、奥秩父の山中で道に迷って途方に暮れる自分の境遇と重ね合わせたのだろう。

結局、その日はあちこち彷徨《さまよ》ったあげく、小黒の手前あたりでビバークをしたようだ。手帳には〈人間がダンスをしたり、白衣のふたりを見ました。翌日見たら、木の葉のいたずらでした〉という記述がある。道迷い一日目にして早くも幻覚を見ているのである。

「そのまま稜線を真っ直ぐ進んで西谷山に出てしまえば、そこはもう東京都側の高速道路みたいな登山道だったんですけどね」

と飯田は言った。だが、翌九日、男性は稜線をたどらずに小黒のあたりから東側の斜面を下っていってしまう。

〈荒川の流れに沿っていけば展望が開けるかと、景色に見とれながら山下りをしましたが、すぐにデッドロックに突き当たり、引き返しました〉

この日もまた行きつ戻りつしながら山のなかを彷徨った様子が手帳にはしたためられている。道を尋ねる人もなく、周囲は木の葉ばかりで、どれほど無駄な時間をとらされたことか、と書かれたメモからは、どうあがいても脱出できない焦燥感が見て取れる。

メモには、〈ここには以前来たことがあり、出口は三つあるはずだが思い出せない〉ということも書かれており、その次に〈14の脱出口をとりました〉という記述がある。おそらく熊倉山には以前にも来たことがあり、「三つの出口」というのは三つの登山コースがあることを指しているのだろう。「14の脱出口」の意味は不明だが、飯田によれば「林班境界標識の番号を見たのではないか」とのことだ。

〈下を見ると、直接下りる坂が見えました。確認しようと取っ手につかまりながらのぞいたら、急に足が滑り、手の握力も切れ、下に落ちた次第です〉

事故現場となったのは高さ一〇メートル以上の岩場で、転落したのち、男性はしばらく意識を失っていて、その間に夢を見ていたようである。

〈おかあさんを呼ぶ。なんでオレの背中をどついた。なんでそんな寒い家の裏にオレを寝かせるんだ。布団一枚くれよと大声を出すのですが、家は（判読不能）。その夜、腰が痛くて、歩いて救急車を呼んでもらおうと思いました。おかあさん、いつもやさしく励ましてくれました〉

その後、意識はとり戻したものの、転落した際に腰から背中にかけてを強打し、自力で行動することができなくなってしまった。そこは沢のいちばん源頭部で、周囲を岩に囲まれた場所であった。たとえケガをしていなくても、脱出は難しかったかもしれない。

男性はその場所で少なくとも二日間は生きていた。その間に手帳に記録を残したのだろう。

どの程度のケガを負っていたのか、腰の骨が折れていたのかどうかは、胴体が見つからなかったのでわからない。残っていたのは頭蓋骨のみだった。そのほかの所持品は、遺体の周囲にすべて残されていた。ヘリコプターに発見されやすいようにと考えたのだろう、所持品は広範囲に置かれていて、服やタオルは広げられていたという。

こうした状況からすると、男性が息を引きとったあと、胴体はクマに食べられてしまったようである。

手帳の最後の文面は、十一日に書かれた家族宛の遺書で、「妻に言われたとおり、この山行を中止していれば、せめて携帯電話を持ってきていれば」「転落する以前にもっと慎重に道をさがすべきだった」といったことが書かれていた。

男性が帰宅せず家族から捜索願が出されたとき、救助隊は熊倉山も捜索した。しかし、まさか逆方向へ行ってしまい、これほど山奥にまで入り込んでいるとは思いもしなかったという。

「もし手帳がなければ、『なんでこんなところに？』ということになっていたでしょう。どこからどう来てここで亡くなっていたのか、皆目見当もつかなかったと思います。この事故も、いちばんの原因は道迷いですが、結果的には滑落して亡くなっています。ほんとうに悲惨な事故でした」

なお、冒頭で述べたように埼玉県内の山はほとんど樹林に覆われていて、森林限界より上の岩稜帯が続くような山は皆無に等しい。たとえば北アルプスなどの稜線は見通しがいいうえ、登山者も多いので、転滑落事故が起こればたいていは誰かが目撃することとなる。ところが埼玉県内の山で転滑落事故が目撃されるのは、せいぜいフリークライミングのフィールドとなっている二子山ぐらい。そのほかの山域は、登山者も少なく樹林に視界がさえぎられてしまうので、単独行の登山者が転滑落してもまず気づかれない。

このため、家族らから「帰ってこない」という届出を受けて初めて事故が発覚することが多く、どうしても捜索は後手後手に回ってしまう。しかも、ヘリコプターを使って上空から捜索するにしても、樹林帯のなかから人を見つけ出すのは非常に困難を極める。まして熊倉山のケースのように行き先がわからなければ、もう完全にお手上げである。

こうしたことから、埼玉県内の遭難事故では、登山者が行方不明になったまま、なかなか発見されず、発見されたときにはすでに白骨化していたというケースも散見される。

たとえば二〇〇六年八月、雲取山で発見された白骨遺体は死後十年経過しているものであった。二〇〇七年四月には、テント内で白骨化した死体が武甲山で見つかったほか、和名倉《わなくら》山の山頂西側でも白骨遺体が見つかっている。意外にも武甲山は盲点になるのか、同年八月にもシラジクボ下部で死後三〜十年経過していると見られる白骨遺体が見つかった。

散々言われていることであるが、山へ行くときに誰にも行き先を伝えておかなければ、万一なにかあったときに捜しようがなくなってしまう。それは残された家族や捜索する人たちに大きな負担を強いることになる。簡単なメモのようなものでかまわないから、少なくとも家族だけには行き先と行程を伝えて山へ向かうようにしたいものである。

ケガ人を搬送する埼玉県警山岳救助隊

悪天候下の沢登り

荒川および笛吹川や多摩川の源流となっている奥秩父には数多くの名渓が存在し、水温むころになると涼を求めてたくさんの沢ヤがやってくる。雁坂峠《かりさか》、古礼山、笠取山、和名倉山などに源を発し、国道一四〇号線に沿って流れ、秩父湖を経て荒川に注ぐ滝川も、そんな沢のひとつ。魅力的ないくつもの沢を山間に延ばすその源流域は、奥秩父ならではの沢登りが楽しめるエリアとして高い人気を集めている。

二〇〇六年七月十六日、東京学芸大学の山岳サークルの男子学生四人がその滝川に入渓した（二〇一ページの地図参照）。四人はバスで川又まで入って国道一四〇号線をたどり、天狗岩トンネルから滝川に下りて沢を遡行しはじめた。一日目は滝川の途中で幕営し、翌日、水晶谷を詰めて雁坂峠に上がり、その日のうちに黒岩尾根を下山するという一泊二日の計画であった。四月に一年生が入部してきたこともあり、この山行の前には奥多摩や丹沢の沢で何度かトレーニングを行なうなど、それなりの準備は積んできていた。

ところが、入渓した日の夜から天気が崩れはじめてしまう。梅雨前線の活動が活発化し、大雨となってしまったのだ。以降、梅雨前線は山陰から東日本にかけてしばらく停滞し、発達した雨雲が各地に局地的な大雨をもたらすことになる。

もちろん、梅雨前線の影響によって天気が悪くなることは、彼らにもある程度予想がついていたはずだ。それは想定内のことだったのかもしれない。だから翌日も、雨が降り続いていたにもかかわらず、計画どおり滝川を遡っていったのだろう。

しかし、その判断は甘かった。彼らが気づかないところで、状況はどんどん悪化しつつあった。前夜、雨が降り出した時点で、撤退の判断を下すべきだったのだ。

事故が起きたのは、十七日の午前九時半ごろ、雨のなか、ちょうどブドウ沢の出合あたりを遡行しているときだった。そこは沢の右岸をへつっていく場所で、まず上級生がトップで通過し、そのあとを一年生（十八歳）が上から確保されながら続こうとしていた。その一年生が途中で滝壺に転落してしまったのである。

一年生が落ちたとき、上で確保していた上級生はロープを引っ張って引き上げようとした。慌てていたのか、技術を知らなかったのかは不明である。が、水流に逆らって引き上げようとしても、人ひとりの力ではとうてい引き上げられるものではない。大雨で増水していたのだから、なおさらだ。

それは絶対にやってはいけない確保法であった。上級生が力任せにロープを引っ張っぱろうとしている間、一年生は水流のなかでもがき続けた。それがどれぐらいの時間だったのか、とても引き上げきれないことを悟った上級生は、今度はロープを緩めようとした。ところが、ランニングビレイの支点の取り方が悪かったのか、なかなかロープが緩まなかった。ようやくロープが緩まって下のテラスに流れ着いた一年生を、そこにいたもうひとりの上級生が引っ張り上げた。

仲間は誰もが「ヤバい」と思っていたに違いない。が、一年生の意識は意外にもはっきりしていて、「大丈夫か」と声をかけると「大丈夫です」という返事が返ってきた。その言葉を、上級生は鵜呑みにしてしまう。しかし、今考えれば、おそらくもうこのときにはすでに「大丈夫」な状態ではなかったものと思われる。

一度は阻まれた進路を突破すべく、一年生は再び岩に取り付いた。

その箇所には残置のロープがあった。ということは、やはりそれなりに悪い場所だったようだ。二度目のトライのときは上からの確保を行なわず、残置ロープにかけたカラビナをスリングで自分のハーネスと連結させ、セルフビレイをとりながらへつっていった。そうすれば万一落ちても残置ロープにぶら下がるだけだから、前回のようなことにはならない。誰もがそう考えたはずである。しかし、それが誤算だった。

二度目に落ちたのも、一回目とほぼ同じ場所だった。ただ、最初のときのようにスリップしてストンと落ちたのではなく、意識を失ってスーッと倒れ込むような落ち方だったという。落ちた彼の体は、シミュレーションどおり、セルフビレイをとっていた残置ロープにぶら下がった。ところが、加重がかかった残置ロープは想像していた以上にたるみ、また雨で沢が増水していたこともあって、彼の体は滝壺のなかに完全に浸かってしまったのである。

今度はセルフビレイをとっているだけだったから、上からも下からもロープで操作することはできない。上級生が慌てて落下地点までへつっていって残置ロープを切断すると、一年生の体は水流に巻かれて滝壺のなかに沈んでいってしまった。五分ほどして下のテラスのところに姿を現わしたときは、もうすでに心肺停止の状態であった。

残った三人は、遭難者の体を水の中から引き上げ、テラスの上まで運んでそこに固定した。それが精一杯のできることだった。その後、三人はふくろ久保と呼ばれる尾根を登って黒岩尾根に出、雁坂小屋へと向かった。小屋の前まで来てようやく携帯電話が通じるようになり、一一〇番通報して救助を求めた。事故発生からすでに四時間が経過していた。

その日は大雨のため身動きができず、本格的な救助活動は翌十八日から始まった。雁坂小屋に避難していた三人は、その日の朝、救助隊員によって無事保護された。事故現場に残された遭難者のもとへも、救助隊が沢を遡って向かおうとしていた。

ところが、大雨に見舞われている山陰から北陸、甲信地方にかけてのその日の最高気温は平年を大幅に下回り、現場付近の気温も七月も半ばだというのに十三度、水温は十二・五度という低さ。おまけに雨もずっと降り続いたままだった。

「われわれが救助に向かおうとしたときは、とてもじゃないけど沢を遡っていける水量ではありませんでした。それ以上増水すると逃げ場がなくなるので、結局、現場には行けなかったんです。もちろん沢にも入りましたが、一分と入っていられませんでしたね。それほど寒く、水が冷たかったんです」

そう言うのは飯田である。その後も雨はまるでやまず、救助隊員が雨量計や水位計とにらめっこをする日々が続いた。ヘリで収容を行なうことも検討されたが、標高約八〇〇メートルのところにべったりと雨雲が張り付き、とても現場には入れそうにないことから見送られた。

梅雨前線による雨が上がり、滝川の水位も下がったのは、なんと事故発生から約十日後のこと。七月二十八日の午後三時、ブドウ沢出合付近のテラスに固定されていた遭難者の遺体は、救助隊員の手によってようやく収容されたのであった。

この事故でなんといっても気になるのは、事故発生時の遭難者の様子である。ひとことで言ってしまえば、「沢登り中の転落事故」ということになるのだが、遭難者は「意識を失ってスーッと倒れ込むように落ちた」という。その前にも一度滝壺の中に落ち、半ば溺れ死にそうになっている。翌日、救助に向かおうとした飯田は、「気温も水温もかなり低く、水の中には一分と入っていられなかった」と言っているが、そうした状況は前日もあまり変わらなかったのではないだろうか。多少気温が高かったにしても、雨に打たれ、冷たい水の中に浸かってびしょ濡れになれば、低体温症を発症させたとしてもなんら不思議ではない。一度目に落ちて救助されたとき、すでに体が寒さで麻痺していたという可能性は充分にある。それを我慢して二度目のトライをしたものの、途中でとうとう力尽きてしまったというわけだ。そう考えると、意識を失って倒れるような落ち方をしたというのも納得がいく。もちろん、「低体温症説」はあくまで推論であるが。

付け加えるのなら、悪天候下で計画を強行した判断ミスと、致命的なビレイミスも見逃せない事故要因として挙げられよう。このように、うっかり石につまずいたりバランスを崩したりして起きるばかりが転滑落事故ではない。それを引き起こす要因は実に多種多様なのである。

余談だが、この事故のほぼ一年後にあたる二〇〇七年七月二十八日、同じ滝川で同じような事故が起こっている。場所は前年の事故現場よりもわずかに下流の地点。二人で沢を遡行中、滝に取り付こうとして泳いでいた五十二歳の男性が、気がついたら水中に顔をつけたまま動かなくなっていた。ザックを背負っていたため体は浮いていたし、また水流に押されてなかなか進めなかったので、気づくのが遅れたようだ。慌ててパートナーが飛び込んで水中から引き上げたが、手遅れだったという。天気はそれほど悪くなかったが、このときも寒かったそうだ。統計上では原因を「水没」としているが、それを引き起こしたのが低体温症であるかもしれないと考えるのは不自然なことではない。

滝川ブドウ沢源頭の雁峠と笠取山

両神山での転滑落事故

埼玉県内で起きたここ十年ほどの遭難事故の統計を見てみると、両神山《りょうかみ》における転滑落事故が多いことに気づく。樹林に覆われた比較的なだらかな山容の山が多い埼玉県の山のなかで、両神山は標高こそ二〇〇〇メートルに満たないものの、山頂部には鋸の歯のような岩峰が連なり、二子山と並ぶ特異な山容を際立たせている。

「それだけ山が険しいということです。でも、上のほうの岩稜帯では、みんな気をつけて慎重に行動するので転滑落事故はあまり起こっていません。逆に、下山中になんでもないところで転んだりバランスを崩したりして落ちてしまうという事故が非常に目立ちます」

と飯田は言う。とくに多発しているのが、清滝コースの八海山の周辺だとか。主要登山道となっている日向大谷～清滝小屋～両神山の往復コースは距離が長いため、頂上に登って清滝小屋あたりまで下りてきたところで疲れが出はじめる人が多い。そこから下は沢沿いのコースになるのだが、登山道自体はそれほど険しくないのに、疲れから八海山のあたりで沢へ転落してしまうというわけである。道の片側は沢に落ち込んだ急斜面になっているので、踏み外せばいっきに下まで転がり落ちていっ

蓬莱山
下山中、駐車場手前で滑落
1100
1200
1300
キギノ沢
稜線から150m転落
1400
1500
上落合橋
八丁峠
西岳
1613
東岳
1660
天理岳
天武将尾根
清滝小屋
七滝沢
薄川
八海山
日向大谷
下山中、沢へ転落して死亡
小鹿野へ
両神山
1723
剣ヶ峰
三笠山
1418
梵天尾根
エビヅルの頭
辺見岳（二子山）
ミヨシ岩
大峠
白井差
白井差小屋跡
梵天ノ頭
1477
小森
中津峡
下山中、道迷いから転落
白井差峠
井戸沢
中双里
三峰口へ
0
1km
N

てしまうという。

何年か前、単独で両神山に登った若い女性が行方不明になるという事故が起こった。「帰宅しない」という家族からの届出を受けて捜索していると、下山口の日向大谷まであとわずか十分というところにビニール袋が落ちているのを救助隊員が発見した。「なんだろう」と思って下の沢まで下りていったら、そこで女性は亡くなっていた。その登山道の幅は一メートルもなく、まさに転べば下まで落ちていってしまうところなのだという。

「また、このコースは距離が長いうえ、登山口までのアプローチが悪く登りはじめる時間が遅くなりがちなので、下りてくる途中で日没になってしまうというケースも多いんです。暗いなかを無理して下山してきて滑落してしまう。平成十七年五月のゴールデンウィーク明けには、五十〜六十歳代の男女四人が疲労のため下山が遅くなって日没になってしまい、救助隊に保護されるという騒ぎも起きています。ほんとうは清滝小屋で一泊してもらえばいいんですが、みんな日帰りで登ろうとするんですよね」

清滝コースが最もポピュラーであるのに対し、たどる人がほとんどいないのが、山頂から南へ稜線をたどって中双里《なかぞり》へ下山する梵天《ぼんてん》尾根コースである。しかし、長いがゆえに敬遠されるこのコースでも転滑落事故は起こっている。

発端はやはり「お父さんが帰ってこない」という家族からの届け出だった。その男性は東京に単身赴任中で、男性が勤務する会社から妻のところに「ご主人が出勤してこない」という連絡があり、行方不明になっていることが発覚した。

男性が両神山に行ったことが判明したのは、一本のメールによる。その前日、男性は家族に「山へ行く」ともなんとも伝えないままひとりで両神山に登ったのだが、山頂に着いたときにあまりに景色がよかったので、「今、両神山の山頂にいる。いい眺めだ。これから中双里に下りてバスで帰る」というメールを妻に送っていた。これにより「両神山から下山する途中で遭難したらしい」ということになり、秩父署に連絡が回ってきたのである。

届け出を受けたその日のうちに、飯田はふたりの隊員を連れて中双里から白井差峠へと向かった。「おーい、おーい」というかすかな声が聞こえてきたのは、白井差峠の手前のあたりを登っていたときだった。

「おい、今、声が聞こえたぞ」

飯田の耳にはたしかに声が届いたのだが、ふたりの隊員は「聞こえない」という。

「そんなわけないだろ。オレには聞こえるぞ」

そう言って三人でよく耳を澄ませてみたら、やはり声が聞こえてきた。試しに遭難者の名前を呼んでみると、「おーい、おーい」という返事が返ってきた。ところが、その声がどのあたりから発せられているのかがまったくわからない。上のほうから聞こえてくるような気もするし、対岸の斜面から聞こえてくるようにも思えるのだ。三人の隊員がいて、「どっちから聞こえてくる?」となったときに、三人がそれぞれ別の方向を指すのである。

これでは埒があかないということで、いったん中双里に下りてまず井戸沢を詰めていくと、今度はまったく声が聞こえなくなってしまった。いくら呼びかけても返答はなく、「これは外したかな」と思いながら沢を曲がったら、いきなり「おーい、おーい」という声がはっきりと聞こえてきた。続けてもう一本沢を曲がったところの岩場の下に、顔面血だらけになった遭難者がうずくまっていた。

男性は、妻にメールを送ったのち、予定どおり梵天尾根をたどっていったのだが、梵天ノ頭を過ぎたあたりで道に迷い、左に折れる稜線を行くべきなのに、真っ直ぐ続く尾根に入り込んでしまったそうだ。やがて行く手が岩場に阻まれたため、さらに左の尾根に入ってそのままどんどん調子よく下りてきたら、最後に沢に突き当たった。なんとかツルにつかまって岩場を下りようとしたところ、滑って一〇メートルほど転落し、全身打撲でまったく動けなくなってしまったという次第である。

男性が動けずにいた横の岩の上には血だらけのタオルが広げてあった。隊員が「これはなんだ」と聞いたら、男性はこう言った。

「ここにタオルを広げておけば、ヘリに発見してもらえるかなと思いまして」

しかしそこは樹林帯の中の沢である。ヘリコプターからは見えるはずもない。なんとしてでも見つけてもらいたいと思う遭難者の心理が、そうさせたのだ。「おーい、おーい」と叫んでいたのも、捜索している救助隊員の姿が見えたからというわけではなく、ただやみくもに叫んでいただけだったという。

このケースにしても、もし山頂から妻にメールを送っていなかったら、いったいどこに行ってしまったのかまったくかわからず、人知れず山中で息を引き取っていたはずである。行き先やコースを第三者に伝えておくことの重要性を、改めて感じずにはいられない。

両神山にはもう一本、八丁峠から頂上に至るコースがある。このコースは三つのコースのなかでいちばん険しく、岩稜帯が長く続き、鎖場も随所にある。そのため清滝コースに次いで事故が多発しているという。そのなかでも二〇〇一年八月に発生した事故は、飯田にとって思い出深い事故のひとつとなっている。

この事故もまた、家族からの届け出によって警察が知るところとなった。二十四歳の男性が、「日帰りで両神山へ行ってくる」と言って家を出たのが八月二十四日早朝のこと。ところが夜になっても帰らず、「上落合橋から八丁峠を経由して登る」という言い置きを覚えていた家族が翌日、上落合橋まで行ってみたところ、男性が乗っていった車が登山口にあることを確認し、秩父警察署に届け出たのであった。

捜索は早速その日から始まった。が、夜中までかけて登山口〜山頂〜清滝小屋間を捜索するが手がかりはなし。翌日は二班に分かれ、さらに入念な捜索が行なわれたが、なんの収穫もないまま刻々と時間だけが過ぎていった。午後になると追い討ちをかけるように雨が降りはじめ、隊員の表情にも焦りと疲労の色が次第に濃くなってきた。

そんな八方塞がりの雰囲気のなかで、登山道の約一メートル下の斜面に生えてい

両神山八丁尾根の険しい岩尾根

る木の枝がポッキリと折れているのを隊員のひとりが発見した。場所は西岳と八丁峠の間、狭いV字状の谷が足元からいっきに切れ落ちているところだった。

谷底を覗き込むと、ガスのため下まで見通すことはできなかったが、七〜八メートル下の斜面に金属らしきものが落ちているのが見つかった。隊員がロープを使って下りていき、物体を回収してみると、それはバンドが千切れた、しかも正確に時を刻んでいる腕時計であった。稜線上から谷底に向かってコールをしてみたが、返事はなし。しかし、行方不明者がその谷に転落しているのはまず間違いなかった。

時間は間もなく午後五時になろうとしていた。陽のあるうちに谷へ下りるのはもう無理だったので、明日の朝いちばんで救助を行なうこととし、その日の捜索はいったん切り上げられた。山麓で待つ両親に回収してきた腕時計を見せると、「断定はできないが、ほぼ間違いない」とのことであった。

翌朝八時過ぎに現場に到着した救助隊員は、二班に分かれて捜索を開始した。それから約一時間半が経過した九時半過ぎ、稜線から一五〇メートル下の谷のなかで遭難者が発見された。

発見した隊員の第一声はこうだった。

「発見、発見！　生存です、生存！」

現場の稜線は、落ちたら最後、いっきに二〇〇メートル以上は落ちていってしまうような場所である。しかも事故からもう三日が経っていた。口にこそ出さなかったが、救助隊員はみな「もうダメだろう」と心の中で思っていた。にもかかわらず、遭難者は生きていたのである。急峻な谷底に落ちながら、なぜ死なずにすんだのか……。

「両神山へ行く」と言って家を出たその男性は、上落合橋に車を停め、八丁峠を経て山頂へと向かった。ところが、西岳への稜線をたどっているときに、曲がり角のところでつまずくかバランスを崩すかしたようで、稜線から空中に飛び出し、木の枝を折ってそのままダイレクトに谷底へ転落していってしまった。運がよかったとしか言いようがないのは、男性が落ちていった一五〇メートルほど下に、V字谷を塞ぐような形で大きな倒木が引っ掛かっていたことだ。倒木は根っこごと倒れていて、落ちていった男性はその根っこに激突した。つまり根っこがクッションになって助かったのである。

もっとも救助隊員によって発見されたとき、遭難者は根っこの中にすっぽりとはまり込んでいて、わずかに足先と左手が外に出ているだけだった。頭はざっくりと割れ、意識もなく、一見すれば死んでいるかのように見えた。それでも救助隊員の問いかけには手足を動かして反応した。瀕死の状態ではあったが、間違いなく生きていた。

しかし、救助作業は難航を極めた。現場にノコギリを持ってこさせ、できるかぎり遭難者に衝撃を与えないように注意しながら、邪魔になる根っこを一本一本切り落とした。

「谷に引っ掛かっている倒木の上に乗って作業をしたので、作業中に倒木が落ちてしまうのではないかというのがいちばん怖かったですね。そうしたら遭難者も隊員も一巻の終わりですから」

この日のことを、飯田はそう振り返る。だが、やっとのことで木の根っこの中から引きずり出したのも束の間、そのあとがまた大変だった。現場は急峻なV字谷のなかなのでヘリコプターが進入できず、遭難者を人力で稜線まで上げなければならなかったからだ。

隊員はみな飲まず食わずで黙々と作業に従事した。どうにかこうにかピックアップポイントまで搬送し、遭難者を収容したヘリが現場を飛び立っていったのが午後四時五十分。実に七時間以上におよぶ救助活動であった。

もう一件、八丁峠コースで起きた事故のなかで飯田の印象に強く残っているのは、二〇〇六年十二月上旬の事例である。

八丁峠経由で両神山に登るには、先のケースのように上落合橋から入山するか、反対側の八丁トンネル駐車場（蓬莱山側）から入るかのどちらかになる。その日、六十六歳の男性が八丁トンネル駐車場に車を置き、単独で山頂を往復してきた。間近に夕闇が迫っていたが、すでに八丁峠を越え、駐車場はもう目と鼻の先だった。うしろから来ていた単独の若者に追い越されたのがちょうどそのあたり。若者は追い越し際に男性にひと声かけた。

「おじさん、大丈夫？　もうすぐ暗くなるよ」

「うん、大丈夫、大丈夫。駐車場まであと少しだから」

ひと足先に駐車場に下りた若者が身支度を整え、さて帰ろうかというときに、先ほど追い越してきた男性がまだ下りてきていないことにふと気がついた。ちょっと気になったので、しばらく待ってみたが、あたりがすっかり暗くなってもまだ下りてこない。

さすがに心配になった若者は、ヘッドランプを点けて登山道を登り返していったのだが、何度「おーい、おーい」と呼びかけてもコールはなし。「これはなにかあったに違いない」と思い、車で交番まで行って事情を説明した。

届け出を受けた警察官がただちに駐車場まで行ってみると、たしかに車が一台置かれたままだった。警察官は、若者が男性を追い抜いたという地点まで登り、さらに八丁峠まで行ってみたのだが、やはりいくらコールをかけても返事はなく、姿も見当たらなかった。

その日はもう夜遅かったため、翌朝、日の出とともに救助隊が出動し、行方不明になった男性の捜索を開始した。しばらくして、登山道から滑落して重傷を負っていた男性が発見された。そこは駐車場まであとわずかという岩場の下で、男性は登山道から一〇メートルほどの下のテラスに引っ掛かっていた。東岳や西岳周辺のいちばん危険な箇所は無事越えてきているのに、最後の最後、駐車場のわずか手前で滑落してしまったのだ。

「まさかこんなところで滑落しているとは。もうダメかな」と思いながら隊員が声をかけると、ぴくりと手が動き、生存が確認された。前夜、若者と警察官がいくら呼びかけても返事がなかったのは、滑落したときに気絶していたからのようだ。男性はすぐに救助隊によって助け出され一命はとりとめたが、もし若者が彼のことを気にかけずに帰宅してしまっていたら、おそらく助かってはいなかっただろう。

以上、埼玉県内で起きた近年の事例をいくつか検証してきたが、最後に飯田が考案したという転滑落事故を予防するためのトレーニングを紹介して結びとしよう。
「とくに中高年登山者に効果があるのが、登山靴を履いて石がゴロゴロしている河原を歩くトレーニングです。目で見てどこに足を置くのか判断して足を前に出す。次の瞬間、また目で見て足の置き場所を判断する。つまり、石の形状を見て、安定しているかどうか、滑りそうか大丈夫かを瞬時に判断するわけです。これはバランスのトレーニングにもなるので、ぜひ試してみてください」

初版あとがき

街ではつまずいたり転んだりしても擦り傷を負う程度ですむのに、山ではそれが大ケガや死に直結してしまう。それが山の転滑落事故のいちばん怖いところだ。ならばつまずいたり転んだりしないように注意して歩けばいいわけだが、人間誰しも単純ミスをおかすもの。だいたいアスファルトで固められた道路や階段を歩いていたってつまずくことがあるというのに、石や岩や木の根っこなどが凸凹している登山道を歩くときに「つまずくな」というのが無理な話。登山道は街の道路よりもはるかに足を取られやすい構造なのだから、転滑落が最多の事故要因になっているのも、当然といえば当然である。

そう考えると、転滑落は防ぎようがない。という身も蓋もない結論になってしまうが、少なくともそのリスクを低く抑えることはできる。そのためには、せめて「ここでつまずいたらヤバいな」という箇所を通過するときだけは、集中力を高めて気を抜かずに歩くことだ。「危険箇所を通り過ぎたあとで気を抜いて落ちてしまう」というのは、そこがまだ危険箇所であるいうことを認識しないからだ。三点支持が必要な鎖場やハシゴが終わって鞍部に出たとしても、つまずけば谷底へ転がり落ちていってしまうようなところだったとしたら、依然、危険地帯は続いているものと自分自身に言い聞かせる必要がある。ほんとうにそこが気を抜いていい場所なのかどうか。常にそのことを考えながら行動すれば、転滑落遭難はだいぶ減るのではないだろうか。

もちろん、最初から最後まで緊張して歩き続けるのは不可能だし、たとえできたとしても気疲れして山登りそのものが楽しくなくなってしまう。「ここなら大丈夫」というところでは、緊張を解いて気持ちをリラックスさせたい。その気持ちの切り替えが安全に楽しく山を登るためのカギになるということは、本書の富士山と北岳の事例のなかでも指摘されている。

ところで、歳をとるに従って、つまずいたり転んだりしやすくなる、あるいはなにかの拍子によろめいたりバランスを崩したりしやすくなるというのは、仕方のないことだと思う。自分自身のことでいえば、段差を登るときにちゃんと足を上げたつもりなのに、実は充分上がっていなくてつまずきそうになり、思わず愕然とすることがたまにある。加齢による体力の低下は万人に等しく起こることであり、誰もそれに逆らうことはできない。

しかし、肉体は確実に衰えているのに、そのことを自覚せず若いころと同じように動けると錯覚している人が実は少なくないようだ。それがまた山での転滑落事故が多い一因にもなっている。重要なのは、まずは現在の自分の体力がどの程度なのかを正確に把握すること。体に表われる歳月の積み重ねは無慈悲で冷酷かもしれないが、それから目を背けずに素直に受け止めよう。そのうえで、体力を維持・向上させるためのトレーニングや食生活を習慣化させることだ。月並みかもしれないが、自分の体力レベルを客観的に見つめ、それに基づいたトレーニングを欠かさないようにすれば、転滑落事故のリスクも少しは低くなるだろう。

もうひとつ、転滑落遭難を予防するための策を挙げるとしたら、道に迷わないようにすることである。本書でも取り上げたとおり、道迷いが転滑落遭難に発展してしまうケースが近年はとくに目立っている。もし山で道に迷ったら、転滑落遭難の危険が間近に迫りつつあるということを認識し、すぐに来た道を戻って正しいルートに出るべきだ。間違っても「もうちょっと行ってみよう」「こっちからでも下りられるだろう」などと考えてはならない。深入りすればするほど、転滑落のリスクはどんどん高まっていく。「道に迷った場合はすぐに引き返す」という山登りの行動原則を守ることは、道迷い遭難だけではなく転滑落遭難を防ぐことにも繋がるのである。

さて、シリーズとしては『ドキュメント　気象遭難』『ドキュメント　道迷い遭難』に続く三冊目の拙著となった本書では、転滑落が直接的な要因となったいくつかの事故事例を取り上げ、検証を行なった。それぞれの事故の教訓を転滑落事故の防止に生かせてもらえたら、遭難事故に関する執筆活動がいまやライフワークになりつつあるもの書きとして、これに勝る喜びはない。

しかし、愚痴めいたことを書かせてもらえれば、遭難事故の取材・執筆を始めてもう十六年ほどになるが、ここ数年、事故を検証するための取材は年々難しくなってきている。

われわれが遭難事故の発生を知るのは、読者の方と同様、テレビや新聞などの報道によってである。ニュースを見て初めて当事者への接触を試みるわけだが、実際に接触できる確率は二、三割といったところだろうか。つまり、十件の事故があったとして、当事者に連絡がとれるのはわずか二、三件のみ。残りの七、八件については、連絡先さえ知ることができない。しかも、苦労して連絡先をつきとめ、ようやく連絡がとれたとしても、取材をOKしてくれるかどうかはまた別問題で、断わられることも別に珍しくはないのである。

取材する側としては、当事者まで行き着いて断わられるのであればまだ納得もいくが、そこまで行き着けずに取材を諦めなければならないというのは、どうも釈然としないし歯痒い。だが、どうしようもないというのが現実だ。

なぜそうした状況になっているのかというと、ご推察のとおり個人情報保護法が施行されたからである。今日の事故報道は基本的に警察発表がベースになっていて、たいていの事故報道では当事者の氏名、年齢、居住エリアまでが明らかにされる。以前だったら、これらの情報からどうにかして当事者に連絡をとるところまで漕ぎ着けることができたのだが、いまや個人情報保護法の施行によってそれがほぼ不可能になってしまったのだ。それどころか、最近は当事者の氏名さえ公表されない報道もちらほらと見られるようになっている。

遭難報道と個人情報保護法のことについて書こうとしたら、このスペースではとても足りないうえ、舌足らずなもの言いで誤解を生むのは望むところではないので別の機会に譲るとするが、とにかく遭難事故についての取材が困難になっていることだけはご理解いただきたい。

というわけで、本書の取材に当たっても、当事者まで行き着けなかったケースや、取材を断わられたケースが相次いだ。そんななかでこちらの不躾なお願いにも関わらず取材に応じていただいた方々には、改めて心よりお礼を申し上げたい。ほんとうにどうもありがとうございました。

また、重い口を開いて辛い体験を話していただいたにもかかわらず、厳しい書き方になってしまった事例や、当事者への取材がかなわずに周辺取材によって検証した事例も、本書には含まれている。もし不快に感じられたとしたら、ご容赦いただければ幸いです。

なお、本書ではできるだけ実名報道を心がけたが、当事者らの意向により、一部を仮名とした。敬称を省かせていただいたこと、年齢を事故当時のものとさせていただいたこともお断わりしておく。もし非礼があったとしたら、大目に見ていただきたい。
最後になったが、いろいろな形で情報を提供してくださった方々、および遭難事故の検証作業について長年理解を示していただいている山と溪谷社の神長幹雄氏にも心よりお礼を申し上げたい。どうもありがとうございました。

二〇〇八年六月八日

羽根田 治

文庫化にあたっての追記

埼玉県内で起きた近年の遭難事例より

本書に収録されている「近年の事例　埼玉県警山岳救助隊からの報告」のなかで、奥秩父の滝川のほぼ同じ場所で二年連続して起きた沢登り中の事故について触れた。それから三年が経過した二〇一〇年、同じ時期の同じ場所で、再び転滑落事故が起きてしまう。

同年七月二十四日、東京都勤労者山岳連盟が主催する「沢登り教室」の一行九人が、彩甲斐街道の「出会いの丘」から滝川に入渓した。

この日は古礼沢出合で幕営を予定していたが、沢の水量が多かったこともあって、行程は遅れ気味であった。ブドウ沢出合付近の滝川本流の核心部に到着したのが午後四時前。まず八メートルの滝を登り、続く四メートルの滝から二メートルの滝へのトラバースに差し掛かったときに事故は起きた。二番手の女性がトラバース中に足を滑らせ、滝壺に滑落してしまったのだ。

女性は「激しい水流に揉まれ浮き沈みを繰り返し、浮き上がったザックのため頭を押さえつけられ顔をうまく上げられない状態であった」（遭難事故調査報告書より）という。トップのリーダーがロープを投げると、つかまることはできたものの、水流が強く引き上げるまでには至らない。後続の講師が滝壺に飛び込んで救助しようとしたが、水深が深く自分が溺れそうになってしまった。岸から女性のザックをつかんで引っ張り上げようにも、沈まないようにするのが精一杯だった。

仕方なくザックを持って四メートルの滝の下に落とし、そこからようやく中洲に女性を引き上げたときには、滝壺に落ちてから約十五分が経過していた。

講師らはただちにCPR（心肺蘇生法）を開始したが、交代しながら三時間近く行なっても女性の意識は回復しなかった。現場周辺は携帯電話が通じず、講師二人が電波の通じる稜線まで登って救助を要請したのは、翌二十五日の午前八時ごろのこと。女性はこの日の午後六時過ぎに自衛隊の救難捜索ヘリによって収容・搬送されたのち、死亡が確認された。

この事故の詳細については、実はあまり報道されなかった。というのも、これが引き金となって、さらに二つの大きな悲劇が起きてしまったからだ。

事故の翌日、救助要請を受けて最初に現場に向かったのは、レスキュー隊員ら七人が搭乗した埼玉県の防災ヘリだった。ところがこのヘリが救助活動中に遭難者パーティの目の前で墜落、機長やレスキュー隊員ら計五人が死亡するという惨事になってしまった。

その約一週間後の七月三十一日、防災ヘリの墜落現場を取材するために、日本テレビの記者とカメラマンが山岳ガイドを伴って滝川に入った。しかし、天候の悪化が予想され、また装備も不充分だったことから、ガイドがそれ以上行動するのは危険だと判断し、いったんは引き返した。だが、取材班の二人は「黒岩尾根まで行って、機体が見える場所を探してくる」と言って、ガイドと別れて再入山していった。その後、夕方になってももどってこなかったため、日本テレビが救助を要請。翌日、捜索を行なっていた埼玉県警山岳救助隊が、ヘリの墜落現場から約二キロ離れた滝川の滝の淵で二人を発見したが、病院に搬送後に死亡が確認された。死因はいずれも水死であり、行動中に誤って沢か滝壺に転滑落した可能性も指摘されている。

これら一連の事故とは別に、防災ヘリが墜落した二十五日、地上から現場に向かっていた山岳救助隊員が、墜落現場から一〇〇メートルほど離れた沢で倒れている男性を発見した。男性は県警ヘリで病院に運ばれたが、間もなく死亡した。発見時、男性は「五〇メートルぐらい上から落ちました」と言って意識を失ったという。のちに男性は、前年に起きたトムラウシ山での大量遭難事故をウェブサイト上で詳細に検証していた人物であることが判明したが、なぜヘリの墜落現場近くにいたのかはわかっていない。

さて、「近年の事例　埼玉県警山岳救助隊からの報告」では、両神山における転滑落事故の多さも指摘したが、その後も両神山では何件もの転滑落事故が起きている。そのなかのひとつが、拙著『ドキュメント　単独行遭難』でも取り上げた二〇一〇年八月十五日の事例だ。

この日、日向大谷から単独で両神山に登った男性が、七滝沢コースを下る途中で滑落し、左足首上を開放骨折して行動不能に陥ってしまった。家を出るときに男性は行き先を告げていたのだが、家族はそれを失念し、また登山届けも提出していなかったため、捜索は当初から難航した。いくつかの手掛かりから両神山に登ったようだということは判明したものの、どのコースをたどったのかがわからず、捜索は広範囲に及び、大勢の隊員が現場に投入された。しかし男性の足取りはまったくつかめず、発見できないまま二週間が過ぎようとしていた。

そこでいちばん最初に捜索した七滝沢をもう一度捜してみようということになり、八月二十七日、二人の隊員が現場へと向かった。沢を遡行しはじめた二人は、しばらくして遭難者のものと思われるザックを発見した。果たして、その上流部にある岩の上に、遭難者は横たわっていた。事故発生から十四日間が経っており、生存は絶望視されていたが、奇跡的に彼は生きていたのだった。

左足骨折の重傷を負ったのち、男性は這いずるようにして何日間も山中を彷徨い続けた。だが、移動中に眼鏡を落としてしまい、万事休すとなった。もうそれ以上動けなくなり、発見現場の沢でただひたすら救助を待っていた。発見されたとき、男性はかなり憔悴しており、自力では動けない状態であった。運悪く、救助活動中にポツポツと降り出した雨はいつの間にか土砂降りとなり、気がつけばみるみるうちに沢の水かさが増していた。間一髪のところでなんとか男性を斜面の上に引き上げることができたが、発見のタイミングが少しでも遅かったら、増水した沢に流されていたところだった。

もうひとつ、二〇一三年六月二十三日にも両神山で痛ましい滑落事故が起きている。この日の朝、父、母、娘の三人家族が八丁トンネル登山口から入山し、両神山を目指した。昼ごろには山頂に到着し、その後、下山にとりかかったが、ペースの早い父親が先行する形となり、あとを追った母親と娘は途中で父親の姿を見失ってしまった。

二人はてっきりひと足先に父親が下山しているものと思っていた。しかし、登山口に下りてみると父親の姿はなく、携帯電話も所持していないため連絡がとれないことから、警察に通報。翌日、埼玉県の防災ヘリが登山道脇の崖下に倒れている父親を発見・救助したが、すでに死亡していた。現場の状況から、父親は下山途中で登山道から崖下に滑落したものと見られている。

なお、両神山については、閉鎖されているコース（落合橋〜山頂）に強引に侵入した挙げ句、転滑落してしまうという事故も最近は目立っているという。このコースは、県の農林振興センターが設けた森林作業道であり、一般登山者の通行は禁止されている（入口に看板表示と封鎖措置あり）。ところが、一部の登山者がこのコースについてインターネット上に「通行しても問題なし」「安全に下山できた」「頂上までの最短コース」などと書き込んでいることから、それを見た登山者が多数入り込んで事故になっているのが現状だ。

「未組織登山者のなかにはモラルのない者もおり、封鎖措置もお構いなしに入り込むなど、やりたい放題です。若年登山者が増えるのはいい傾向ですが、山のルールやモラルをしっかり学んでほしいですね」（埼玉県警山岳救助隊・飯田雅彦）

奥秩父に限らず、転滑落事故は同じ山、同じ場所で繰り返されている。その連鎖を断ち切ることができれば、遭難事故はかなり減るはずなのだが。

最後になったが、私の執筆テーマのひとつとなっているドキュメントシリーズが、このような形で再度、世に出してもらえたことは、ほんとうに嬉しく、またありがたい。快く取材に応じていただいた方々に改めて御礼を申し上げるとともに、文庫化に尽力していただいた関係者の皆様に感謝いたします。

本書に収めたそれぞれの事故の教訓が、ひとりでも多くの登山者に届くことを願っています。

二〇一三年七月　　　　羽根田 治

本書は二〇〇八年七月十五日に山と溪谷社より刊行された『ドキュメント　滑落遭難』を文庫版にあらためたものです。

＊文中の山小屋や団体、地方自治体の名称、個人の役職などは当時のままとし、必要な場合は注記しました。

ドキュメント　滑落遭難

二〇一三年九月五日　初版第一刷発行
二〇二二年二月十五日　初版第五刷発行

著　者　羽根田 治
発行人　川崎深雪
発行所　株式会社　山と溪谷社
郵便番号　一〇一―〇〇五一
東京都千代田区神田神保町一丁目一〇五番地
https://www.yamakei.co.jp/

■乱丁・落丁のお問合せ先
山と溪谷社自動応答サービス　電話〇三―六八三七―五〇一八
受付時間／十時～十二時、十三時～十七時三十分（土日、祝日を除く）
■内容に関するお問合せ先
山と溪谷社　電話〇三―六七四四―一九〇〇（代表）
■書店・取次様からのご注文先
山と溪谷社受注センター　電話〇四八―四五八―三四五五
ファクス〇四八―四二一―〇五一三
■書店・取次様からのご注文以外のお問合せ先
eigyo@yamakei.co.jp

デザイン　岡本一宣デザイン事務所
印刷・製本　株式会社暁印刷
定価はカバーに表示してあります

Printed in Japan ISBN978-4-635-04762-3

ヤマケイ文庫の山の本